# Japon, l'archipel de la maison.

**VÉRONIQUE HOURS**
**JÉRÉMIE SOUTEYRAT**
**MANUEL TARDITS**
**FABIEN MAUDUIT**
**PANASONIC SHIODOME MUSEUM**

Kajima Institute Publishing

# 日本、家の列島

ヴェロニック・ウルス
ジェレミ・ステラ
マニュエル・タルディッツ
ファビアン・モデュイ
パナソニック 汐留ミュージアム編

鹿島出版会

# 日本、家の列島 ── フランス人建築家が驚くニッポンの住宅デザイン

## Maisons japonaises contemporaines
## vues par un photographe et des architectes français.

パナソニック 汐留ミュージアム
2017年4月8日［土］- 6月25日［日］

### 主催
パナソニック 汐留ミュージアム
朝日新聞社

### 後援
在日フランス大使館／アンスティチュ・フランセ日本、国際交流基金、
在日フランス商工会議所、一般社団法人日本建築学会、
公益社団法人日本建築家協会、港区教育委員会

### 企画協力
ヴェロニック・ウルス（建築家）、ジェレミ・ステラ（写真家）、
マニュエル・タルディッツ（建築家、みかんぐみ共同代表）、
ファビアン・モデュイ（建築家）

### 会場構成
みかんぐみ

## ごあいさつ

　このたび、パナソニック汐留ミュージアムでは「日本、家の列島 ── フランス人建築家が驚くニッポンの住宅デザイン」展を開催いたします。
　この展覧会は2014年5月からフランス、スイス、ベルギー、オランダの各都市を巡回した展覧会「l'Archipel de la maison（日本、家の列島）」の帰国展です。この展覧会を企画し実現させたのは写真家のジェレミ・ステラ、建築家のヴェロニック・ウルス、ファビアン・モデュイ、そして日本在住30年で建築設計事務所みかんぐみの共同代表であるマニュエル・タルディッツの4人のフランス人です。日本通の彼らの複眼的な視点で選ばれた、近現代日本の住宅建築および住まいとくらしの感性にスポットをあてたこの展覧会は、ヨーロッパで好評を博しました。
　日本列島の豊かな地理と自然は古来、地域ごとに多様な住まいを育んできました。そして近代以後の日本の住宅は、経済、産業、技術、社会、文化における急速な変化を背景に、世界的に類を見ない独自の発展をとげました。本展は、現在その活躍が国際的に注目されている建築家たちによる住宅作品70軒を、4人の選定で紹介するものです。
　「昨日の家」「東京の家」「今の家」の各3つのセクションはそれぞれにアプローチを変え、その魅力の本質に迫ります。加えてゲストアーティストとして迎えた坂口恭平の制作活動は、現代都市に住まうことの本質を見つめ、前衛的な制作姿勢のなかに未来に向けたメッセージを発信しています。
　この展覧会を日本で公開するにあたり、ヨーロッパにおける受容よりなおいっそう深く、これからの住宅建築が日本の都市と社会の形成のなかで持つ意義が日本の観客の皆様に届くことを願って、さらに内容を充実させております。
　最後に、貴重なご所蔵品を快くご出品いただきましたご所蔵者、後援、助成、協力を賜りました各社・各団体、参加建築家・住宅の持ち主の皆様、ほかお力添えをいただきました関係各位に深く感謝申し上げます。また企画協力者の4人には多大なるご尽力をいただきました。ここに厚く御礼申し上げます。

主催者

## 謝辞／Remerciements

本展の開催にあたり、下記の方々と関係諸機関に多大な協力を賜りました。記して深く感謝の意を表します。加えて参加建築家とスタッフの皆様には深く御礼申し上げます。また、お名前を載せることができなかった皆様にもこの場を借りて厚く御礼申しあげます。（敬称略、五十音順）

Les commissariats et les organisateurs tiennent à remercier tous ceux qui à des titres divers ont rendu ce projet possible :

Jean-Pierre Becot
Bruno Bellec
Dan Beraud
Philippe Bonnin
Sophie Cavaliero
Mathieu Combellas
Laure Dezeuze
Stéphane Duval
Baptiste François
Pascal Hory
Diane Josse
Laurence Kimmel
Anne Le Bellego
Claude LeBlanc
Rebecca Lee
Anne-Sophie Lenoir
Pauline Lumeau
Christian Masset

Lyndia Mirville
Eric Mollet
Frédérique Mougeot
Yves Nacher
Dominique Perrault
Hera Van Sande
Christine Vendredi-Auzanneau
Pascal Victor
Odile Werner

東利恵
内田道子
遠藤康一
塩崎太伸
柴田直美
白川真由美
スミス睦子
土谷貞雄

# 日本において、「住む」とは何か?

オギュスタン・ベルク［地理学者、元日仏会館フランス学長］

ここに紹介されている家はどれも異なっていますが、にもかかわらず、ある共通点があります。それなくしては、家であるとは言えないような根本的な特徴があるのです。しかし、皆さんには、その特徴がはっきりとは見えないかもしれません。それは壁のむこうに、クローゼットのなかに、床の下に、屋根の裏面に隠されているのでしょうか……？　もっとよく見てください。いや、むしろ目を閉じて、どれかひとつ家のなかに入っていく自分の姿を想像してください。自分がどう動き、何を感じるかを想像してみるのです（もちろん、すでに日本の家に——それも日本人が住んでいる本物の日本の家に——足を踏み入れたことがあるならば、その経験は役立つでしょう）。触れ、感じ、耳をすませてみるのです、全身を耳にして……

　お分かりになりましたか？　まだ分からない？「諦めますか？（アキラメマスカ）」、これがヒントです。

　……そうです、答えは、ここに紹介されているすべての家で日本語が話されている、ということです。そして、住人は例外なく、「ココニスンデイマス」という言葉を口にするでしょう。「ここに住んでいる」という意味です。しかし、間違えないでいただきたい。もし、「ここに住んでいます」という日本語を耳にしても、日本における「住む」が何を意味するかは伝えてはくれません。それはカタログの序文をはるかに越える、大きな問いです。ですからここでは、「住む」という言葉だけを問題にすることにしましょう。家をテーマとするなら、「住む」という語こそが重要なのですから。

日本語では、「住む」は「スム」と発音します。先ほどの例文「ここに住んでいます」では、「住む」という動詞は「住んで」というかたちをとることで、後に続く動詞（「います」）と連結されるのですが、「います」は進行中の行為を示す丁寧な表現（「ます」という語尾）です。「住む」という動詞はふたつの同音異義語をもっています。ひとつは「済む」で、もうひとつは「澄む、清む」です。「スム」という発音のこれら3つの語は、それぞれ違う漢字を用いて表記されるので、読むときに混同されることはまずありませ

ん。もちろん口語においては、文脈に応じて聞き分けられることになります。しかし最初は、こうした語の聞き分けというのは奥が深いもののように感じられます。2番目に挙げた「済む」という語は、否定のかたちになると「スミマセン」と読み、フランス語の"pardon !"や"excusez-moi !"と等しくなるのですが、そのような意味で用いられる機会はフランス語の場合とは大きく異なっています――例えば、「スミマセン」は「アリガトウ」の同義として用いられることもあるのです。あるいは、お店に入って店員がいない時、「どなたかいますか?」と言って店員を呼ぶかわりに「スミマセン!」と言うのです。このような使い方が「済む」という語とどのように関係しているかといえば、感謝すべき相手に対してどれほど感謝してもその感謝の言葉を「終える」ことができない、おおよそそういうことです。では、3番目の「澄む、清む」という言葉の意味に関してはどうでしょうか。日本の風土において、澄んだ水は水を濁らせていた浮遊物が沈殿したのちに得られるものです。ですから「澄む、清む」という言葉は平穏や鎮静を喚起するものです。そこから、清浄や浄化という概念を通じて、物質的ではない意味が派生することになります。例えば「座禅を組んでいると心が澄んでくる」という言葉に表現されるような。

　そういうわけですから、3つの「スム」という語のつながりは想像しがたいものではありません。日本語の「住む」という語は、純然たる平穏という概念に、こう言ってよければ、上澄みをすくうことで得られる鎮静という概念に結びついているのではないでしょうか。澄んだ水のような家……夢想を誘うテーマではありますが、夢想に耽るよりも、辞書を引き、民俗学者の言葉に耳を傾けるほうが望ましいでしょう。実際、日本文化は「住む」ことを清浄に結びつけてきたように思われます。一般の住まいと死や出産など穢れにかかわる家とが分断されている多くの村落共同体の伝統的な慣習がそのことを物語っています。日本はその歴史のはじまりにおいて、王の死というもっとも禍々しい穢れを経験した後に都を移しました(都とは「厳かな(ミ)」「家(ヤ)」の「場所(コ)」を意味します)、そのことは、清浄への強い関心を荘厳な仕方で示しているといえます。

　岩波古語辞典によれば、3つの「スム」という語はもともと同根だったようです。そこから「あちこち動きまわるものが、一つ所に落ちつき、定着する」という「住む」の意味と、「浮遊物が全体として沈んで静止し、気体や液体が透明になる」という「澄む、清む」の意味が生じます。これらふたつの意味は、ともに「終える」という意味を含むものです(移動を終える、上澄みをすくい終える)。

　民俗学者の荒木博之は、これら3つの語について調べ、その基底には清浄という考えがあると主張しています[★1]。例えば彼はいくつかの慣習を分析し、村に住むことがそのまま清浄であることを意味し、村を出ることは穢れであり浄化を必要

とすることを明らかにしました。

　これ以上、深く掘り下げることはしませんが──本カタログの写真を見ていただければと思います──、それでもすぐにおわかりになるはずです。日本の住まいでは床は高い場所にあります。そのため、家に「入る」のではなく──というのもそこはまだ「玄関」でしかないわけですから（「暗い通路」を意味する「玄関」は仏教から派生した言葉で、仏教においては錯覚から天啓へといたる困難な通過を意味しました）──玄関を「上がる」ときに、つまり、どれだけ小さなものであっても、外の高さの土間と家のなかとを隔てる框(かまち)を上がるときに、靴を脱がなくてはならないのです。またこの床の高さは、仕事を終えて帰宅し、あたたかいお風呂に入って着替えをする習慣とも結びついています。床の高さによって、明らかに清浄な家庭空間が保たれているということです。同様に、日本特有の宗教である神道は、浄化の儀礼を重視していることもお分かりになるでしょう。清浄という考え方は実際、日本の風土全体に、なかでもまず「住む」ことに浸透しているのです。

　この文章はひとつの問いから始められたわけですが、それに答えることは諦めました。ですから、その埋め合わせとしてここでゲームをしてみてはいかがでしょう。よろしければ、ここに紹介されている一見すると少しも伝統的ではない家々に、日本語の「住む」ということの意味が果たしてそれほど失われていないことを示す特徴があるか、ぜひ探してみてください。

パレゾーにて、2016年7月9日 [★2]

---

★1　荒木博之『日本語から日本人を考える』、朝日新聞社、1980年、83頁。
★2　本稿は2014年5月にフランス・ポワティエで開幕した「日本、家の列島（L'archipel de la maison）」ヨーロッパ巡回展のために書かれたテキストを元にしたものです。

# 目次

005　ごあいさつ

007　日本において、「住む」とは何か？
オギュスタン・ベルク

015　さまざまな家、さまざまな指標
マニュエル・タルディッツ

**メッセージ**

042　「動いている」もの
マリア・ジュゼッピーナ・グラッソ・カンニッツォ

044　規範を超えて発展を遂げる日本の住居
フレデリック・エデルマン

046　住宅における試行
トマス・ダニエル

048　幻想と現実の間で
ヴァレリオ・オルジアティ

050　日本らしさを具現化すること
ヘラ・ファン・サンデ

052　時代の流れと日本の家
フランク・サラマ

## 昨日の家

- 056 夏の家
  アントニン・レーモンド
- 058 前川國男邸
- 060 斎藤助教授の家
  清家清
- 062 住居（丹下健三自邸）
- 064 スカイハウス
  菊竹清訓
- 066 旧吉屋信子邸
  吉田五十八
- 068 白の家
  篠原一男
- 070 塔の家
  東孝光
- 072 幻庵
  石山修武
- 074 住吉の長屋
  安藤忠雄
- 076 上原通りの住宅
  篠原一男
- 078 山川山荘
  山本理顕
- 080 南湖の家
  坂本一成
- 082 シルバーハット
  伊東豊雄

085 東京の家
写真：ジェレミ・ステラ

## 今の家

092 伊豆高原の家
堀部安嗣（堀部安嗣建築設計事務所）

097 昭島のハウス
西沢大良（西沢大良建築設計事務所）

102 ハウス＆アトリエ・ワン
塚本由晴＋貝島桃代＋玉井洋一（アトリエ・ワン）

107 HOUSE kn
河内一泰（河内建築設計事務所）

112 カタ邸
加茂紀和子＋マニュエル・タルディッツ

117 鉄の家
隈研吾（隈研吾建築都市設計事務所）

122 O邸
中山英之（中山英之建築設計事務所）

127 羽根木公園の家 – 景色の道
坂　茂（坂茂建築設計）

132 駒沢の住宅
長谷川豪（長谷川豪建築設計事務所）

137 切通しの家
菅原大輔（SUGAWARADAISUKE）

142 材木座の家
柳澤潤（コンテンポラリーズ）

| | | | | |
|---|---|---|---|---|
| 194 | 図面・建物概要 |
| 217 | 出品資料リスト |
| 237 | 出展者略歴 |

147 リポジトリ
五十嵐淳（五十嵐淳建築設計事務所）

152 鎌倉の家
みかんぐみ

157 大きなすきまのある生活
西田司＋萬玉直子（オンデザインパートナーズ）

162 バウンダリー・ハウス
山下保博（アトリエ・天工人）

167 デッキの家
手塚貴晴＋手塚由比（手塚建築研究所）

172 ＋node
前田圭介（UID）

177 光の郭
川本敦史＋川本まゆみ（エムエースタイル建築計画）

182 千葉の家
谷尻誠＋吉田愛（SUPPOSE DESIGN OFFICE）

187 窓の家
吉村靖孝（吉村靖孝建築設計事務所）

192 Dig-ital #1
坂口恭平（ゲスト・アーティスト）

凡例

- 本書は展覧会の内容にもとづいて構成されている。
- 「昨日の家」と「今の家」の作品の順番は竣工年順に、「東京の家」は撮影年順に収録した。
- 各セクションの扉の解説は大村理恵子（パナソニック汐留ミュージアム）が執筆し、「昨日の家」の解説はマニュエル・タルディッツが執筆した。
- 「昨日の家」のデータは、作品名／建築家名／所在地／竣工年／現存・現存せずを記した。作品名と建築家名は、ヨーロッパ巡回展のために付したフランス語の訳名を併記した。また図面はオリジナル図面をもとに、主要な平面図、断面図、アクソメ図を展覧会のためにあらたに起こした。
- 「東京の家」のデータは、ジェレミ・ステラの同名のシリーズにならって《建築家の通称／作品名、撮影年月日》を作品タイトルとし、建築家名と主宰事務所、建築作品の竣工年を追記し、90ページに掲載した。
- 「今の家」のデータは、各カラーページに作品名／建築家名（主宰事務所）およびヨーロッパ巡回展のために付したフランス語の訳名を併記した。そのほかの所在地／竣工年／部屋数／建築面積／構造／主な外部仕上げ／主な内部仕上げの建築概要データ、および居住者数／居住者の職業／趣味は197〜216ページに掲載した。加えて、展覧会のためにあらたに起こした敷地配置図、平面図、立面図、断面図、アクソメ図など主要な図面も掲載した。
- カタログに掲載した写真は会場展示に対応しているが、カタログに図版が掲載されていないものもある。またカタログのみに掲載した写真は参考資料とし、該当するものに「参」と記した。
- 出品資料の詳細情報については、巻末の「出品資料リスト」に記載した。

# さまざまな家、さまざまな指標

マニュエル・タルディッツ

京都桂離宮のおかげで、日本は一軒の家が主要歴史的建造物のひとつとされている世界でも希有な国となっている。二〇世紀、米国とヨーロッパは名建築と称される家を数多く造ったが、日本だけが絶えず建築の革命を起こし続け、この分野が大賑わいになった。[★1]

日本の家について話すことは、建築の本質的要素に接近し、都市や社会全般に目を向けることを意味する。ここでとりあげる日本の家は個人の生活プログラムに対する解決策という枠組みを越えている。個々の家の新鮮な発想に感嘆し、本当に住めるのか、快適なのかと不安を覚えさせるその佇まいに驚きを覚えるとしても、そのことは、制作の諸条件を研究し、これらの家を理解しようとつとめることを妨げはしない。これらの家は、日本の建築業界におけるイデオロギーの変遷やそこで活躍する著名建築家たちの多様性を越えて、歴史的に繰り返される多くのテーマを土台にして構想されている。ところで、日本の家とはいかなるものを指すのか？もし日本の家なるものが実在しているとしても、あいかわらず曖昧で流動的なイメージが蔓延しており、エキゾチズムによって保護された日本がさらにそうしたイメージを助長している。したがって、大多数の人が住む現代的な住まいと、数寄屋の精神を喚起するような洗練されたマニエリスムの住まい──中には新しいものもあるが──とを区分してみる必要がある。大部分の西洋人にとって日本の家とは、たいていきちんと手入れされた庭に面した、ローカリティを喚起するステレオタイプな家である。他方で、半世紀来、建築家の設計した現代建築としての家が活況を呈しており、多くの出版物がそのような家に関心を示している。こうした現代的な家が前者のような伝統的な家をないがしろにしているわけではないにしても、両者がつくり上げられていった背景は異なる。本カタログとその元となる展覧会が対象とするのは現代の日本の家である[★2]。日本に巡回する前に、この展覧会はまずヨーロッパ人、より具体的にはフランスの観客に物理的、社会的、歴史的な背景をシンプルなかたちで示すことをめざして構想された。それなくしては、ただひとつの住まいについても何も理解できないからである。展覧会では、入念に辛抱づよく設

計を行う建築家たちの姿や、自分たちの家を愛する住人たちの姿が紹介されている。設計者と住人との親密さは日本の観客の関心も引くにちがいないだろう。

## ある伝統の誕生

遅ればせながら、1543年、ポルトガルの商船がインドの商館から日本に漂着した。長い間、日本はおおよそ地理的に見て、東インドの一部とみなされていたのだ。遥かなる国・日本に、すぐに多くの商人が関心を寄せ、ヨーロッパの商品や精神が持ち込まれることになる。その後、政治的な理由から日本の権力者たちはキリスト教の影響の増大に不安をおぼえ、17世紀はじめごろに国外との交流をすべて禁じることに決めた。列島が、ようやくその門戸をふたたび開くことになるのは約250年後の1853年のことであり、開国はアメリカ艦隊によって軍事的に強制されたのである。この強制された開国によって徳川幕府は没落の道を辿り、日本人は自らと西欧との関係について、考え方の変更を迫られることになる。この開国による再発見、すなわち、興味と不信感、理解と無理解が入り交じる西欧との交流は、現在でもなお日本と西欧がお互いに対して抱く見解に影響を及ぼしている。現在、15年ほど前から中国経済の復興(ルネサンス)とインドの隆盛によって新たな世界情勢が示されているが、19世紀末以来、日本は150年近くものあいだ、非西欧圏における経済の中心的役割を果してきたし、競合すべき見事なモデルであり続けてきた。日本と西欧は相互に惹かれあい、交流の中断した時期にこそますます互いに魅了されたのだが、そのことはあらゆる領域に影響を及ぼしたのであり、建築もまた例外ではなかった。

1872年、フランス美術のコレクターであるフィリップ・ビュルティが、「ジャポニスム」という言葉を考えだした[★3]。「オリエンタリズム」の極端なかたちであるこの語は当時、新しい文化が西欧の美学的思考に与えた影響を表すものだった。日本文化における自然主義は、アール・ヌーヴォーにインスピレーションを与えることになった日本の職人仕事のなかにも見出せるもので、現代の楽園(アルカディア)が見出されたかのようだった。建築に関して言えば、フランス、イギリス、アメリカでの万国博覧会の際に、西欧はまず神社仏閣と出会ったのだが、寺や神社の過剰な装飾は、壮美を好む19世紀の趣味にぴったり合致した。反対に、日本人のほうは、建築様式に関する論争や、ヨーロッパの石や金属を用いた巨大建築をそこで発見したのである。建築史家の陣内秀信は、木の多いおおよそ平坦な都市には存在していない、円屋根(ドーム)や鐘楼を前にしたときの感嘆について語っている[★4]。日本と西欧はお互いに対して驚異

の念を抱き、それぞれが相手をよく見て、そこから何かを取り入れ、選別するようになった。

1853年以降、アジアではタイを除き、ほとんど日本だけが西欧の支配下に置かれることをなんとか避けようと試みた。その結果生じた激しい変動は、日本建築にかなり明確なかたちで反映されることになった。明治政府はまず政治・経済のシステム、教育、技術などの輸入を決定した。外国人の指導員、教員、技術者などが相次いで来日した。同様に、日本の使節も海外に送られることとなった。こうして、建築は1920年代までは西欧的で、折衷的なものとなった。しかし、こうした最初の衝撃が収拾すると、すでに1890年代には東洋的美点が賞賛されるようになり、ふたたび安定化が訪れることになる。歴史の時代区分は必ず重なり合うものなのだ。当時の日本の建築には、西欧化された建物だけでなく、興味深い汎アジア主義の様式をもつ例もあった。伝統的な建物よりも、英国領インドの建物がその代表例と見做されており、それが日本に近代的な様式を与えると思われていたようである。その後、1930年代は、植民地征服による日本の軍事力の台頭と結びついたナショナリズムの発露の時代であり、「アジア」はひとつの正当なモデルとして機能し続けた。日本は内省的な方向に進み、公共建築は神社を模範とした。仏教とは異なり、神道はいわば日本で生まれた日本の国教だと見做されていたからだ。日本建築に関しては、桂離宮や16、17世紀の茶室に注目しはじめるものがあらわれ、そこに西欧の前衛とは異なる自分たちの建築の先駆者の姿を認めた。1945年の敗戦と国内政治の壊滅的状況によって、日本は束の間、混乱のなかに陥る。明治時代以来是認されてきた数々のモデルが崩れ、再び自らを探し求めなくてはならなくなったのだ。60年代と70年代の経済復興によって、日本は世界第2位の経済大国となったが、日本モデルがどれほど羨望されても、日本と日本の文化は十分な理解を得られないままであった。このころ、過去を顧みない産業国となった日本は、物理的な枠組みを壊してさまざまな様式を取り込むか、月並みな建築や観光地を生み出すことで硬直化していった。日本経済は成長を加速し、ついに90年代初頭のバブル経済の破綻へと到る。20年経った現在も経済復活のために日本は苦しみ続けている。不確かな未来への展望しかなく、己の固有性についても確信が持てなくなっている現在の日本は、このような歴史を経て生まれたのだ。21世紀初頭の現在において、多くの問いが(再び)提起されている。モダニティ／伝統という対概念は、現在でもまだ西欧化／日本らしさという対立を包含するものなのか？ なにより、日本らしさとは何なのか？ 本展覧会で紹介される家は、それらの問いに対する答えの一部を、細やかなタッチで、描き出してくれるだろう。

## 西欧からやってきた建築家

　日本の建築家の最初の世代は、実際のところ、大躍進を果たした。その世代の誰もが、1877年に日本最初の建築教育の講師となったジョサイア・コンドルの授業を受け、それから1880年ごろに学位を取得して東京帝国大学を卒業した。architectureの日本語訳として「建築」という語が提起されたのは遠い昔ではなく、理論家・建築家である伊東忠太が書いた1892年の論文（東京帝国大学へ提出された卒業論文『建築哲学』）においてである。文明開化の明治日本において、グローバリゼーションは、まず西欧のテクノロジーと知識のまとまった輸入を意味していた。そのため建築は新しい修養として、英語の教科書で教えられ、もっぱら西欧のさまざまな様式が混ざった折衷様式の設計が学ばれることとなった。そのため「建築」には、そのはじまりから両義性が刻印されていたのだ。新しい日本は自らの伝統に背を向けようとしたが、反対に西欧は関心をもって日本の伝統に注目しはじめた。1905年、イギリス人作家のバジル・ホール・チェンバレンはそうした状況を次のように簡潔に表現した。「一般的に言って、教養ある日本人は彼らの過去を捨ててしまっている[★5]」。

　現在、家がその多様性と独創性によって、日本建築を構成する主要な要素のひとつであるように思えるとしても、当時はそうではなかったのである。1880年代の先駆者たちの世代とそれに続く世代は、およそ30年のあいだ、とりわけ、海の向こうからもたらされた様式を大なり小なりよろこんで取り入れながら、明治新政府の大きな公共建築物か当時の有力企業の建物の設計を行ったのである。この世代は、自らの現代性（モダニティ）を顕示しようと望むエリート層の住居を建てたのだが、そうした住居はたとえ畳の和室があるとしても、英米圏の建築家の巨匠たちの家のコピーに近かった。政治・経済・文化が変容を見せたこの時代にはまた、現代においてもまだその重要性が認められるようなひとつの対立軸が生まれた。まだ少数であった建築家は住宅建築に関して主要な役割を果たすことはなく、大部分は大工がその役割を担っていたのだ。大工の知恵が伝統的な建築モデルの基礎をなしていたのであり、彼らは木と土の壁、板張りか畳の床、瓦屋根を用いて家を建て、部屋は引き戸で仕切られた続き間だった。すべてが決まった尺度に則っており、フランス革命時にメートル法による抽象化へと移行する前の、フランスのアンシャン・レジーム期の人体尺度やイギリスのインチ・フィートを想起させる。家の建築には現在でもふたつの尺度が用いられている。古いものは、7世紀ごろに中国から伝来した「間（けん）」と「尺（しゃく）」と、それらの下位区分である。新しいものは、16世紀末以来用いられている畳の尺度である。あらゆる建物が、大工の尺度と畳を取りつ

ける職人の尺度によってつくられているということだ。1978年、パリ装飾芸術美術館での展覧会で、日本的な時空間の特異な哲学を定義するために磯崎新によって「考案され」、西欧に広められた有名な「間(ま)」という概念は、個人的で現代的なひとつの解釈にすぎない[★6]。それは現代の知的駆け引きだといえるだろう。簡潔に言えば、19世紀末には、西欧から借りてきた現代性(モダニティ)は建築家のものとされ、伝統の継承は大工が担っていたのである、たとえ両者の混交があったとはいうものの。

強者の家がつねに最良の家である

20年代に再定義が試みられた日本らしさとは、西欧に対するより批評的な知を持った新しい世代の建築家によるものであったと同時に、日本に移り住んだ西欧人や、あるいは一時的に立ち寄った西欧人のまなざしによってつくられたものである。建築がその教育の多くを西欧に負う輸入された修養である以上、日本らしさに関する議論や日本らしさの見直しが起こったことはよく理解できる。しかし、20年代に強い日本、産業化を遂げ都市化した日本、世紀初頭の日露戦争の勝者となった日本は、周辺地域を植民地として獲得し、もはや1853年の外から無理矢理開かれた牡蠣ではなくなっていた。このナショナリズムの時代に、建築家たちは自分たちの文化的起源について、また、海外の思想や様式を模倣し続けることの妥当性について議論を重ねた。いまや、日本固有の文化を再び見出し、それまで西欧的であった現代世界を順応させることが重要なのであって、その反対ではない。こうした当時の統合の試みのなかには──距離をおいてみればそのことは分かるだろう──、重要な建築家たちの手による家が示すように、ときにある種の統合失調症(スキゾフレニー)に近いものもあった。分離派建築会の主導者のひとり堀口捨巳は、芸術作品の主観性のために古典的な西欧の様式を拒否することを提唱した。堀口は30年代半ばに《岡田邸》をはじめとするヤヌスの鏡(双面のマスク)のような家を設計したのである。すなわち、一方で白の大きな立体ヴォリュームを用いながら、他方で勾配のある屋根、畳の部屋、骨組みの見える仕切りなどを用いた。その一方で、堀口は神道の神社建築、作庭術、茶の湯に関心を寄せ、伝統を再構築しようとした最初の建築家でもあった。チェコ出身のアメリカ人建築家アントニン・レーモンドやその所員であった吉村順三、そして山口文象、村野藤吾、谷口吉郎や、さらにはより洗練された様式を用いる吉田五十八に至るまで、彼らは「民家」と呼ばれる、大工仕事によるヴァナキュラーで(「ヴァナキュラー」という言葉は、ここでは「建築家なしの建築」という意味ではなく「大工によっ

てつくられる建物」という意味である)、大衆的な住居がなお生き生きと根づく日本の伝統から影響を受けており、彼ら自身もやがてもっとも美しい戦後の家を建てることになる。文化の融合に関して彼らの貢献が必ずしも正しく認められているとは言えないが、木が日本の古民家だけでなく現代の家においても特権的な素材であることは明らかである。日本の伝統に対する私たちの見方をおよそ現在でも規定し続けている美学が成立したのはこのころである。日本らしさという、曖昧で評価の低い言葉はおそらく、何よりも、建築伝統の本質、空間構成の基本原則、田舎っぽさと洗練とが混ざった多様な素材、建物と庭、内部と外部の特異な関係性などに向けられたまなざしを指すのだ。

伝統が見直され、修正されたことを示すもうひとつの目印として1937年に刊行されたドイツ人建築家ブルーノ・タウトの『日本の家屋と生活』が挙げられる[★7]。タウトは案内人たちに桂離宮の評価を促されたのだが、著作の刊行は古きものに対する同時代人からの国際的な支持をもたらすことになる。しかし、19世紀や20世紀初頭のジャポニスムとは異なり、徳川時代の重厚な建築物よりも民家の簡素さ、書院造や数寄屋造の簡素さが評価されたのだ。戦後は丹下健三、ヴァルター・グロピウス、磯崎新など日本と海外とを問わずさまざまな世代の建築家がそこに、西欧的なモダニティを構成する主要な原理のいくつかを見出すことになる。プランがもつ流動性、外部に向けて開かれていること、材料の質の高さ、構造と仕切りとの分離、モジュール方式、畳や柱を組み立てるシステムに見られる構成要素の反復など。たとえ、このような見方が近代的なイデオロギーの産物だとしても、それは現在でもなお影響力を持ち続けているのである。

1945年の敗戦により日本は国土が荒廃し、植民地を奪われ、アメリカ軍に占領・統制された。太平洋戦争から時間が経ち、とりわけ朝鮮戦争の助けもあって、共産主義の脅威を前にしたアメリカ合衆国は、新たな同盟国である日本の経済の立て直しに協力する。物質的かつ知的な再建が明らかに必要とされていたのである。行動様式のアメリカ化、最終的に西欧モデルへとたどり着くことになった日本に対する国民の失望、人口の爆発的増加、古い建物の破壊、急速で乱暴で健忘症的ともいえる都市の復興、環境問題、これらは高度経済成長の時代を特徴づけるものであるが、こうした時代背景から、伝統かモダニティかという議論が再燃することになる。この場合、モダニティとはアメリカ化と同義である。丹下健三や清家清が設計した家は地面に優雅に佇むモダンな一軒家であり、ミース・ファン・デル・ローエのアメリカ時代の作品や、カリフォルニアのケース・スタディ・ハウスと奇妙な仕方で

通じ合うものだったが、それをラディカルなかたちで問題にしたのが篠原一男だった。とはいうものの、大部分の家は折衷主義的な様式の量産型の家であり、それが延々と郊外を埋めていたのが現状だった。


野武士

国内で篠原一男だけが唯一の新しい建築家だったわけではないが（カタログに収められた14の「昨日の家」がそのことを十全に示している）、基本的には家の設計がほとんどだった彼の仕事のラディカルさと多様性のために、また、自分の実践を理論化しようとする意志のために、篠原はもっとも重要な建築家であり続けたのである。実現されたどの作品も日常生活のなかで生じるごく平凡な要望に応えるものであったが、それでも単なる機能性を超えた次元を兼ね備えていた。どんな建築家も電気コンロ、冷蔵庫、エアコン、蛍光灯、テレビを必須のものとせざるをえなかったが、篠原の空間はモニュメント的な性質と抽象性を有しているために、単に消費社会の要請に応えているようには見えなかった。実現した作品は、アフォリズムや写真を用いたテクスト群によって、全体像を与えられる。篠原は、存命中は、居住者がまだいない建設当初に撮られた写真以外の出版を禁じた。篠原によって、家は組み立てられたアフォリズムの実験場となり、異文化受容に対する抵抗の場となったのだ。

「民家はキノコである」。篠原は、おおよそフランク・ロイド・ライトが残した言葉をそのようにパラフレーズしたのだ［★8］！ インターナショナル様式への反動から、早すぎた地域主義者だった篠原は民家について研究し、そこから着想を得ることになる。白い抽象的な平行六面体のヴォリューム、勾配のある瓦屋根、白木の柱、土間、板の間、畳の間、続き間。篠原の建築は社交的な場所としての家という発想にも、また、輸入されたコンセプトとしての同時代の設備にも背を向けるものであった。そこに住む日本人（ホモ・ジャポニクス）は時代から外れ、自らの文化と自らの「発育」場所によって培われた作品のなかで生きるのだ。70年代初頭、篠原は素材をコンクリートに移した。この時代のコンクリートは、鉄とともに、「カオスの美」をもつ、戦後に復興した日本の現代都市を代表する素材であった。「都市の野生」が組み込まれた当時の篠原が設計した家は、空間とヴォリュームの巨大なコラージュでできており、その主観的な形態は機能といかなる関係も持っていない。構造は、それまでの彼の家と同様、外からわかるものだったが、モニュメンタルで、荒々しいとすら言え、住み心地を損なうリスクを伴っていた。土地固有の住まいの伝統を再解釈すること、

同時代の都市状況のイメージを利用すること、家庭という枠を超えるほどの強い表現力をもった空間を生み出すこと、これらは篠原が私たちに残した遺産だと言えるだろう。

70年代後半に頭角を現した建築家たちを指す槇文彦の素晴らしい言葉を借りるなら、安藤忠雄と伊東豊雄というふたりの「野武士」もまた、私たちの世代にとっての親だと言える。林雅子、石山修武、宮脇檀、坂本一成、山本理顕、他にも多数いるが、こうした重要な人物たちが、現代の住宅に関する本格的な歴史から忘れ去られることがないのは、一見すると異なる作風のあのふたりの野武士が物の見方を刷新したからであり、彼らがなおも書き続けられている歴史の言説の大枠をつくり上げてくれたからである。ふたりはそれぞれ、都市のなかで、庵のような家を、これから発展してゆく萌芽となるような家を設計することで、作品や同時代の状況に対する固有のヴィジョンを提起したのである。安藤の《住吉の長屋》と、伊東の《シルバーハット》がそれにあたる。前者は大阪の都市化が進んだ郊外に建てられた。安藤は都市の状況を自閉症の発作のように攻撃的だとみなし、それに抵抗した。すべてコンクリートの打ち放しによる完全に自律した家は中庭によってふたつの部分に分かれているので、聖職者のように絶えずその中庭を横切らなくてはならない。一日の時間や季節とともに変化する陽の光だけがそこに暮らす人間を自然と結びつけるのだ。反対に、伊東は東京の住宅街の庭のある巨大な区画に、連続するトラス構造の金属のヴォールトを設置した。見た目はとても軽やかなこの巨大な屋根の下には外部に開かれた流動的な空間が収められている。安藤の家の住人が世界から隠遁し基本原理へと還るのに対して、伊東の家の住人は(それは自邸なので伊東とその家族ということになるが)、現代都市の大量に溢れる情報の流れのなかで都市の遊牧民(ノマド)のように居場所をつくっているのだ。

## 礼賛の陰影

伝統・日本らしさ／モダニティ・西欧の弁証法は、歴史を通じて絶えず変動し、さまざまな思想や言説を彩ってきたわけだが、都市生活の条件に関する昨今の議論もこの対立から生まれたものである。BRICs [★9]の隆盛や、80年代のバブル投機の崩壊(日本経済が異例なものではなかったことを示している)も一役買った。今日では、西欧に対する独自性として日本が自己規定することは以前ほど強くなく、今の世代は総称としての「日本らしさ」なるものをはっきりと主張することは少なくなり、より個人の視

点を表明するようになった。妹島和世の場合は、議論をひっくり返したとすら言える。「わたしは一度も伝統的な建築家というものを実体として、あるいは比較すべきモデルとして考えたことはありません。それはわたしの血の中に流れているのであり、わたしの内部で動いているものです。ですから、きっと日本人自身というよりも西欧の人たちの方がそのような語彙を使って日本の建築を分析しているのだと思います」[★10]。ややうんざりした様子すら窺える妹島のこの返答には微妙なニュアンスが含まれている。もし日本の建築家が自分の作品を概念化するとしたら、多くの他分野の同僚たちと同様、日本的空間を特徴づけるような言葉を用いることは少ないだろう、反対にそうした言葉は歴史家や社会学者が強調するものなのだ。作家には自らの文化が刻まれており、そのことは自明な事実として浮かび上がるものなのだ。作家はまずもって特異な存在である。エキゾチックなものを提示してもらうためでないとしたら、いったいどうして、ひとりの日本人建築家にフランスでの仕事を依頼するだろうか、と、妹島の言うことを真に受けない人もいるだろう。日本と西欧がお互いの姿を映す鏡であることを示す別の面白い逸話を紹介しよう。隈研吾は最近、明治大学で行われた講演会において、エクス＝アン＝プロヴァンスの音楽院の建設について話した。襞のように曲がったアルミニウム板でできたファサードのその建物は、隈のなかでは、セザンヌが愛したサント＝ヴィクトワール山を彼なりに再解釈した一種のオマージュであった。ところがフランスの評論家たちはそこに日本の「折り紙」への参照を見て取ったのだ。そこで隈はどっちつかずの態度で次のように言った。「折り紙ということにしておきましょう」。これとよく似たもうひとつ別の例を挙げておこう。木と漆喰を用いた穏やかな家の設計で海外よりむしろ日本国内での評価が高い堀部安嗣は、15年ほど前のシンポジウムで、ある種論争的な意味合いを込めつつ、「2000年前から人間の居住の仕方に変化は見られない」と言明した。言いかえるなら、個々の物質的・文化的コンテクストには、緩やかな進展を遂げる生活様式が含まれているということである。つまり、建築家がそれに応えることは当然のことであり、知的に誠実であれば当然そうなるのだ。同業者にはそのことを殊更に強調する必要もないし、わざとそれを逸脱して作品のオリジナリティを求める必要もないのである。

それでは現在の日本における建築家の地位とはどういうものなのだろうか。建築家はもはや初期の「西欧人」ではない。しかし、かつてと同様現在においても、入念に設計された建築家による家が、日本の住居を代表しているわけではない。大部分の個人住宅は、ハウスメーカーの注文住宅か地元の小さな建設会社の手によるものだ。いずれも設計の資格を有しており、建築家のように仕事を行う権利が認め

られている。したがって、現在なお建てられている木造住宅の多くは、昔日の大工の匠たちがつくった家を引き継ぐものだと言える。法が認可しているのは、建築家が登場する以前に支配的だった歴史的状況である。つまり、およそ100万人が建設業に携わっているのだが、そこではさまざまなかたちの同業者集団が同じ資格（一級建築士と二級建築士）によって庇護されているのだ。しかし、21世紀初頭の家とその居住者をめぐる状況は変容した。フランス的な意味での建築家は、自分たちの文化、作家としての建築文化を再び取り戻したのである。数が増え続ける建設会社は伝統的なノウハウを保持しているものの、そうしたノウハウはあらゆる様式の商業的な寄せ集めに近い。若手建築家はこうした難しい状況のなかで自身のキャリアを始め、たいていの場合、長期間、時にはもっぱら住宅建築のみで仕事を続けていく。このような現状には3つの理由が考えられる。個人住宅の数の多さ、家というものが一過性の商品と見做されていること、そして最後に、より重要な集合住宅、施設、オフィスなどの注文に対してアクセスしづらい状況のなかで住宅建築関連のメディア文化が発展してきたことが挙げられる。オリンピックの目玉となる建築を実現するために、著名な建築家に頼らない国や大都市があるだろうか。2020年の東京オリンピックは、論争の的となった国立競技場を除いて、建築家にとっては砂漠のようなものである。大きな組織事務所だけが権力に認められ助成を受けている。このような状況は、建築家が家の設計をする機会の少ないヨーロッパ諸国とは正反対なのだが、それはまた、住宅建築において斬新なものをつくる多くの日本人建築家に対して海外で強い関心が向けられている理由のひとつでもあるのだ。

歴史的、物質的、経済的・社会的なコンテクストの相互作用によって、相当な数の家屋の新築が促進され、そしてすぐにそれらは旧式化することになった。軽量で耐久性の低い木材（家全体の60%を占める）と充填材によるスピーディで経済的な施工が主流であること、頻繁に起こる地震のため——かつては火事だったが——建物が脆くなり傷んでくること、あと数年は保てるにもかかわらず家主が家を建て替えてしまうような「無常」の文化が存在していること、次世代への財産相続に重税をかける相続法、絶えず建設していなくはならない人材過多の建築業界の経済的な事情。以上のことから、一時的な建築を生み出す住宅産業の文化が生まれたのだ。建築資材の耐久年数は25年以下と短い。また、土地の値段と比較すると建物の値段は安い。地価は東京23区の居住地区では建物1平米の値段の10倍にまで至っている。希少で高額な土地の上に建てられた家、いやむしろそのような土地に置かれたと言ったほうがいい家は、車や電化製品や衣服のような、流行によって変わる消費製品にますます近づいている。最近土地を手にした夫婦ならば、雑誌の掲載

を見てすぐに若い建築家に依頼をし、希望するオリジナルな家を設計してもらうだろう。こうした事態には、この職業に固有の制約や文化も関係している。民間企業が圧倒的に力のある国で若い建築家が個人住宅以外の仕事の機会を得ることは難しく、また、仕事内容とメディア露出における建築家同士のライバル意識も働いて、住宅建築に関する発想力は魅力的なものとなっているのだ。「日本の建築家たちが与えた衝撃は未だに大きい。彼らの主要な対象は個人住宅になりつつあるというのだから……」。30年以上も前の1983年、パトリス・グレは雑誌*Architecture d'Aujourd'hui*(今日の建築)の日本の住宅特集号のなかですでにそのように述べていた[★11]。この列島では、家を設計することはチャンスであると同時に限界でもあるのだ。

## 流行品の家から何が残るか？

この展覧会では14の「昨日の家」と20の「今の家」を紹介している。日本における住宅の問題を扱った何十もの雑誌や刊行物と比べると少ないサンプルだという人もいるだろう。だが、この数字には秘教的な意味合いはまったくない。時宜を得ているかどうか、本のヴォリューム、多様性の尊重、主観性をなるべく抑えることなどを考慮した結果、このようなセレクションとなった。ほかにこのセレクションに入れるべき建築家がいたとしても、現代日本の建築状況を評価する人間としてさほど驚きはしないが、選択には議論を要するだろう。ここで取り上げられた作品は「建築家から見た日本の家の本質とは何か？」そして「伝統はどのように現れているのか？」という大きな問いに答えてくれるものである。ここでひとまず、その答えに関するいくつかの重要な点を素描しておきたい。

## 第1の素描——これらの家はどこにあるのか？

現在、日本は深い格差に見舞われている。田舎は過疎化が進み、急速な人口減少とともに住人の高齢化が問題となっており、この格差はますます進むだろう。日本の人口のおよそ1/3にあたる3700万人が住む首都圏をはじめとして、日本の大都市圏には人口と仕事が集中している。私たちの家の選択もこの状況を反映している。「今の家」でとりあげる20の家のうち4つを除いてすべてが都市郊外と東京郊外にある。4つの例外のうち、ふたつだけが地方にあるのだが、中心から離れ冬

には極寒となる北部の島、北海道の環境に作品と呼ぶに値する建築を探しに行くのにはそれなりの労力を払わなくてはならなかった。もっとも豊かで都市化された国のひとつである日本の郊外では、人々は平均100平米の小さな家に暮らしている。特筆すべきは、人は「田舎」や「街」に住むとは言うが、「郊外」という言葉を使うことは極めて稀だということだ。これは知覚の問題だといえる。というのも、日本を訪れたヨーロッパ人が都市を見て思うのは、全般的な郊外化という事態だからである。

## 第2の素描――これらの家はどのようなものなのか？

建築家が設計したこうした家は、建造物全体においてごくわずかな割合を占めるにすぎず、大多数の住居を代表するものではない。だが、たとえこれらの建築が大多数の人に知られているというのは言いすぎだとしても、それらは重要なメディアとしての役割を果たしている。日本では「建築家」よりも「設計事務所」という総称の方が理解されやすく、「建築家」という言葉は、職業よりもむしろ、芸術家やクリエーターに近いハイブリッドな存在だと見做されている。家に関して言えば、必然的な厳密さでもって今日の住居について研究を行うのであれば、何百万の住居――市場動向をよく知っている地元の建設会社による効率的で同じパターンの生産物――をより広い視点で、より社会学的に研究することも考えなくてはならないだろう。しかし、そのような研究は、ヴィジュアル面で面白味を欠くばかりでなく、エキゾチズムのせいで物の見方を変えてしまうおそれがある。炊飯器、テレビの増加、ユニットバス、カーテンでしばしば閉ざされた窓、玄関に置かれた靴やその他の要素が、現在の日本の空間や生活様式を伝えてくれていると思うかもしれないのだ。ここで紹介している20の家が慎ましいながらも日本の家を代表する何かを持っているとするなら、それは残り数百万の家たちと規模や価格の面において比較可能だからである。いくつかの例外はあるものの、これら20の家の土地面積は約30坪で、値段は坪あたり70万から100万円である。慎ましい建築家の立場に立ってみよう、そして、日本では実現することが難しいこれら希少な家に驚嘆しよう。見誤ってはならない。これらの家はたいていの場合、少額の予算とわずかな報酬で施工を引き受けた、建築家たちの苦心の作なのである。しかし、たとえ困難な仕事の成果として、家が完全に作品としての地位を持つとしても、それが生活の場所でもあることを忘れてはならない。建築メディアはたいていそのことを報じたがらないのだが。しかし、住人の多くが出不精になるほどにその家を愛し、家が生き続けている

姿を見るのはとても歓ばしいものである。


#### 第3の素描──これらの家は住みやすいのか？

まず、生活様式の違いという曖昧な問いはここでは捨て去ろう。西欧人には住みにくいとは思われるものも、日本では必ずしもそうではない。また、1935年に哲学者の和辻哲郎が展開したような「家」(家庭という意味)の観念は未だ有効である［★12］。和辻によれば、公共の場において共同性はほとんど示されないが、反対に、家は共同生活の場所なのである。つまり、家のなかで私的領域が少ない分だけ、家の外部との境界は堅固なものとなるのだ。作品か住居かという対立は、家の外と内との境界を越えるときのみに起こるのであって、それ以外はエキゾチックな解釈の問題にすぎない。建築家のなかには巨大なガラス窓を好むものもいるが、日本の気候や和辻が言うところの慣習的な居住性のイメージにそぐわないので、日本では懐疑的な人のほうが多い。これは、室内が開放的であることが問題とならないからである。家のなかで私的領域がないということが前提となっているため、西欧の目からみればときに驚くほどの自由が建築家に与えられており、とても開放的で流動的なプランを実験することが可能なのだ。現代の批評家たちに絶賛されてきた桂離宮の流動性もこれに近いものだと思われるが、それにしても、日本の事例を合理的に説明しようと試みる西欧とは反対に、現在の日本の建築家たちがこうした準拠についてほとんど語らないのは、なんというパラドクスだろう！　だが、日本固有の事例というのは本当に存在するのだろうか？　より正確に歴史をみれば、日本でも西欧でも複数のタイプの家や時代を混同していることがよく分かる。他にも同種の例はあるものの一例を挙げるなら、16～17世紀の日本の貴族階級たちが暮らした書院造の内部の流動性はまったく見かけのものでしかない。江戸時代にも当てはまるものだが、この時代の厳格な礼儀作法は部屋のなかでの行動の仕方を厳密に規定するものだった。また、部屋のなかでどの場所にいるべきかもはっきりと決められていた。誰がどこに行ってもよいわけではなかったのだ。また、18世紀までのヨーロッパの居住空間、とりわけフランスの居住空間は、部屋を取り囲む厚い壁によって構造化されていたとはいえ、複数の機能を担う空間だった。寝室やリビングは変容可能であり、家主と使用人、両親と子どもとを分けるゾーンは開放的なものだった。室内空間とその機能が固定されてしまうのは、とりわけ19世紀のブルジョワジーの隆盛においてである。その反面、日本では、縁側を通じて庭に面しているような開放的な家の構造は、数ある家のタイプのひとつにすぎず、おそらくもっとも

多いものではない。それに、このような家の庭は、和辻が語った境界としての垣根や壁で閉じられているのである。江戸時代、人口が密集していた街中にかなりの数存在していた町屋は、外部から守られる造りで、せいぜい小さな坪庭に面していることがあるくらいだった。坪庭は多くの場合、細長い敷地への通気と採光の役割をはたしていた。西欧では、大きなガラス窓が外に面していることを理想とするが、それは20世紀初頭、ガラス産業の発展によって技術的に可能となったために生まれた新しい衛生観にもとづくものだ。ここまで見てくればわかるように、流動的で、開放的でフレキシブルな空間という概念は、変容・発展をとげている。ヨーロッパでは当然と考えられている断熱の発想が、驚くべきことに日本では絶対的なものとはされていないことも触れておかなくてはならないだろう——しかし忘れてはならないが、1973年のオイルショックまでは、大部分の西欧諸国でも持続可能な発展やエネルギー経済が問題にされることはあまりなかった。例えばかつて田舎では、生活する部屋だけを暖かくし、寝室は冬であってもとても寒かったのである。

これら建築家の設計した20の家が驚くべきものであるのは、どの家も住みやすく依頼した施主たちの要望に応えるものであるからだ。したがって、本展覧会では、自分たちが望んだ家、自分たちにとっての快適さを裏切らない家で気持ちよく暮らしている人びとを紹介し、彼らへのインタビューを重視した。これらの家に実験的な側面があることは認めよう、そして、そうした実験性に驚き、不安や不快感を覚えてしまう人びと——実際には大部分の日本人がそうだろう——は、住宅メーカーのカタログを見て問い合わせ、メーカーも彼らの要望に正確に応えるのだ。私たちは住み方も家も同じではない。西欧人はしばしば例外と規範とを混同してしまっているのだ。

第四の素描——伝統はどの部分に宿っているのか?

この問いに対する答えは、先述のとおり、変容・発展を遂げていくものである。どの時代も、現代性(モダニティ)と伝統に対する固有の認識をもっている。伝統を探し求めることは、何よりもまず、ほとんどダーウィン的な絶滅と順応の年代記を編むことに似てくる。ここで、住居に関する物理的な特徴を挙げてみよう。構法、計測方式、材料、テクノロジー装置、部屋の配分、部屋の性質と機能。

1966年以降、省庁主導で、「間(けん)」とその組合せにもとづく計測方式——かつ

ては数百年にわたって各部材の寸法の割合を決める「木割(きわり)」という方式だった──はほとんど建築の図面から廃棄された。現場ではまだ口頭で「尺(しゃく)」の単位が用いられることがあるものの、デジタル工具や工場でのプレカット加工の発達によって、また、海外からの建築木材の大量輸入によって、現在では大工たちもメートル法を採用している。今でも建築家のなかには、部屋の大きさを想像するのに平方メートルの単位ではあまりに抽象的であるため「間(けん)」と「畳(じょう)」の方を好むものがいて、彼らは自分の設計空間に伝統的なプロポーションを導入するため、これらの古い計測単位からミリメートルへと単位を変換するのである。メートル法に変換されてしまえば、これらの寸法を使うことの意味と理由は失われてしまう。1間や6尺は理解しやすいが、1,820mmというのはかなり複雑な数値である。

使用可能な材料はかつてと比べると格段に豊富であり、北米からの輸入木材は日本の樹木にとって代わるとまではいかないものの、いまや肩を並べるものとなっている。コンクリートや金属は言うまでもない。作家の谷崎潤一郎は1933年に書かれた『陰翳礼賛』のなかで、電気や西欧的な快適さの導入によって、暗い色調の木の室内の陰翳に支えられてきた日本の伝統的な美学はどうなってしまうのか、と問うた(おそらく谷崎の念頭にあったのは都会の家だろう)[★13]。それから80年が経ったが、もはやそうした問いは提起されることすらない。室内は人工灯や自然光で明るく照らされ、あらゆる種類の電子機器が溢れかえり、畳は減少している。これが現実なのだ。構造、階段、家具などを強調することに卓越した建築家はなお存在しているため木材はまだかなり使われているし、どの設計者も、空や樹木が見えるよう開口部を正確に配置すること、家のなかから外があまり見えすぎないようにすること、強い西日が入らないようにすること、を共通の認識として持っている。つまり、日本らしさはより繊細なものとなり、じわじわと浸透し続けているのである。

おそらく、家のなかの空間配置の流動性や、つなぎの役割をはたす両義的な空間を熟慮のうえで用いることも──「縁側」や「土間」が日本固有のものであるように──日本らしさとして挙げられるだろう。都会の極小の敷地では、よく「借景」が用いられていて、そのおかげでかぎられた空間が広く感じられる。ここでは明確に伝統的な装置が用いられているわけだが、同時にそれは巧妙な幾何学的処置であるとも言えるのだ。こうした手法を、「ペット・アーキテクチャー」[★14]と同様、小さな身ぶりによるコンテクスト主義と呼ぶことにしよう。塚本由晴と貝島桃代はその著作のなかで、独創的なアクソメトリック図法を用いて、日本の都市において無価値とされた狭小空間がもつあらゆる可能性を生き生きと描き出した。ここに紹介して

いる20の「今の家」と東京の家の多くは、都市のくぼみのなかに歓びと知性をもって暮らす小さな「ペット」に似ているのである。

## さりながら

雑誌『JA』の最近の特集号は、「住宅地から学ぶこと」というタイトルで個人住宅が環境にどのように同化しているかを特集したものだったが、そこに掲載されているのは、ほとんど同じような地味な箱ばかりで、うんざりするほどの数だった[★15]。強い表現力をもった菊竹清訓の《スカイ・ハウス》や篠原一男のいくつかの激烈な作品が登場したころと比べれば、時代はかなり合理的になっているのだろう。現在の建築家たちが設計する家はどれも奇妙なほど……その他の家に似ている。しかし思い出そう、書院造や草庵を着想源としていた日本らしさの礼賛者である堀口捨巳にとって、日本建築の本質は余分なものの削除のプロセスにあったということを[★16]。ちょうど、簡素でほとんど月並みにも見えるその外観のために、極めて洗練されている古い茶室のように。だが現状は……

- ★1 マニュエル・タルディッツ『東京断想』、石井朱美訳、鹿島出版会、2014年。
- ★2 〈日本、家の列島〉展は2014年から2016年のあいだに次の各地を巡回。ポワトゥー＝シャラント建築会館（ポワティエ）、ノルマンディー建築会館（ルーアン）、建築・文化財・都市フランス国立博物館（パリ）、ニース建築・都市計画フォーラム、ローザンヌ・アーキズームEPFL、ブリュッセル・ULB-VUB、ゲント・デザイン博物館、アムステルダム・Looiersgracht 60、ノール・パ・ド・カレ建築・都市会館（リール）。
- ★3 Nicolas FIEVE et Benoît JACQUET, « De l'architecture et du paysage : échanges artistiques et intellectuels entre le Japon et le monde occidental », dans N. FIEVE et B. JACQUET (dir.), *Vers une modernité architecturale et paysagère, Modèles et savoirs partagés entre le Japon et le monde occidental*, Paris, Collège de France, Institut des Hautes Etudes Japonaises, 2013.
- ★4 陣内秀信『東京の空間人類学』、ちくま学芸文庫、1992年［初版は1985年、筑摩書房］。
- ★5 チェンバレン『日本事物誌』、高梨健吉訳、東洋文庫、1969年［原書は1905年］。
- ★6 1978年、パリ装飾芸術美術館で開催された展覧会〈間─日本の空間・時間〉。日本人組織委員は磯崎新。
- ★7 ブルーノ・タウト『日本の家屋と生活』、篠田英雄訳、春秋社、2008年［新装版。最初の邦訳は雄鶏社より1949年に刊行、原書は1937年］。
- ★8 篠原一男『住宅建築』、紀伊國屋新書、1964年。
- ★9 BRICsは経済新興国であるブラジル、ロシア、インド、中国の頭文字をとったもの。
- ★10 Leone SPITA, *Saper credere in architettura. Ventinove domande a Kazuyo Sejima, Ryue Nishizawa*, Clean, Naples, 2003.
  妹島と西沢に見られる一種の言葉のミニマリズム、すなわち寡黙さは、多くの日本人に共通した現象である。なぜなら日本における学びとはまねびであり、言葉による啓蒙教育よりも、所作の繰り返しを見て覚えることで伝えられていくことが好まれるからだ。もっとも、ヨーロッパの建築家たちも、過去との関係について頻繁に、しかも正面切って尋ねられたりしないものである。妹島、西沢の建築の日本的なるものは、小川洋子の小説に書かれた東京郊外のありふれた光景の描写と同じくらい、密やかで微妙であるように私には思われる。「アパートのベランダでは女の人がベビー布団を干していた。工業高校のグラウンドからは、金属バットの音が響いていた。ゆったりした春の午後だった」（小川洋子「ドミトリイ」、『妊娠カレンダー』、文春文庫、1994年［初版は1991年、文藝春秋］）。
- ★11 Patrice GOULET, « Questions de contexte » dans *L'Architecture d'aujourd'hui*, no.226, 1983.
- ★12 和辻哲郎『風土──人間学的考察』、岩波文庫、1979年［初版は1935年、岩波書店］。
- ★13 谷崎潤一郎『陰翳礼賛』、中公文庫、1995年［初版は1946年、創元社］。
- ★14 東京工業大学建築学科塚本研究室、アトリエ・ワン著『ペット・アーキテクチャー・ガイドブック』、ワールドフォトプレス、2001年。
- ★15 『JA』94号（特集「住宅地から学ぶこと／Learning from the Neighborhood」）新建築社、2014年
- ★16 Christine VENDREDI-AUZANNEAU, « Tradition/Traditions de l'architecture

japonaise » dans Benoît JACQUET (dir. et al.), *Dispositifs et notions de la spatialité japonaise*, Lausanne, Presses polytechniques et universitaires romandes, 2014.

## メッセージ

―

マリア・ジュゼッピーナ・グラッソ・カンニッツォ

フレデリック・エデルマン

トマス・ダニエル

ヴァレリオ・オルジアティ

ヘラ・ファン・サンデ

フランク・サラマ

# 「動いている」もの
マリア・ジュゼッピーナ・グラッソ・カンニッツォ

日本の家のさまざまな風景は、都市のすみずみまで広がり、都市のイメージを作っている。

景気の低迷、税制度、不動産市場の動向により、郊外は新たな居住モデルを試すのに望ましい場所だと考えられるようになった。建物を保存するより新しく建設した方が利点があるとする検証もある。

個人住宅は、都市の残余空間や隙間を埋める役割を果たし、新たに土地を使用することなく都市の密度をあげる。

住宅の実現には、計画された脆弱さがついてまわる。過剰な増築が残余空間にせり出していたり、本来の建物の上に重なっていることもある。これらは一時的なものだと分かっていても、場所に新たなアイデンティティを吹き込もうとし、止まることのない都市の成長の一部になっていく。

住空間という装置は、生の営みを待つ生

きた有機体であり、時間の経過にともなう交換や改良や切断を受け入れる。

　どんな家も、使われるなかで最終的な構造に到達することは決してなく、必要に応じて形を変えていく。

　住空間を決めるというのは、広さ、機能、役割の割りふりに変化をゆるす透過性の境界を定めることである。

　この装置は、同居のためのルールや役割が映し込まれたイメージであり、新たな生を含みながらも過去を呼び起こす。つまり、装置が話す言語はひとつではなく、周囲（場所、希望、目的、慣例、規定、予算）に合わせてさまざまな言語のボキャブラリー、語形、構文が用いられるのである。

　むだを抑えようとする現代で、住空間は「持続可能な」成長の可能性をさぐる実験場となるのである。（Maria Giuseppina Grasso Cannizzo／建築家）

# 規範を超えて発展を遂げる日本の住居

フレデリック・エデルマン

　住まいに関してはどれも似通っているヨーロッパからすれば、日本の住居は、おそらく中国以上に、長いあいだ奇妙なものに見えてきたことだろう。木造の多さや、そのために必要なさまざまな技術はもちろんのこと、空間構成、都市がおかれている状況、それらに投資される社会活動、すべてが西欧の建築家やその弟子たちを魅了してきた。戦後、東西の慣習は少なくとも部分的には融合することになる。こうした東西文化の融合の効果はまずもって建築において現れた。インターナショナル様式が席巻したのち、建築は再び日本固有の源流を探し求めるようになったのである。

　しかしそのような源流とは何なのか。それは木造への回帰を意味するのか、それとも、爆撃で破壊された家を再建するために煉瓦を採用することだろうか。あるいは、木材をコンクリートや場合によっては金属といった別の素材に置換することを意味するのだろうか。実際には、それらすべてが共存している。過去の原型(アーキタイプ)を現在において維持しようとすることで生じるさまざまな変容は、なおいっそう驚くべきものであり、またおおよそ魅力的なものだといえるだろう。

ここでの私たちの主要な関心は家である。たとえ過去から受け継がれてきた家をそのまま現在の状況（家の列島）におくことが想定し難いとしても、現代的な特徴と昔から残り続けている部分とを見分けることは、さほど難しいことではないだろう。暮らし方における異質な要素の判別もまた同様である。過去から受け継がれてきたものとは、まずもって歴史的に維持されてきた規制に従っている部分である。たとえば建物と建物のあいだの空間は、消防のきびしい監視下におかれ確保されてきた。反対に、屋根の上へのソーラーパネルの設置は、建物への影響がまだほとんど測定されていないとはいえ、さほど問題になっていないように思われる。

　だが、都市計画上の、あるいは技術的な規範を越え、内部空間と同様に家の外観もきわめて顕著な発展を遂げてきた。全体としてみれば、家は厳密な幾何学的規範から逸脱するほどの自由なかたちをしているか、反対に、型どおりの箱となっているかのどちらかである。（Frédéric Edelmann／建築評論家、ル・モンド紙記者）

# 住宅における試行

トマス・ダニエル

　都心部から郊外の周縁部、さらに最果ての農村地域に至るまで、現代日本の風景は戸建住宅で溢れかえっている。これらはどちらかといえば比較的小さく、とくに頑丈でもなく、たった20〜30年程度の寿命しか想定されていない。いつの時代も日本の新世代建築家たちにとっては、初期の仕事の依頼の大部分は住宅ストックの絶え間ない再生によってもたらされている。キャリア全体を通じて住宅を中心に据えることを選ぶ者もいるが、ほとんどの建築家たちは、住宅を形態、空間、材料、そしてとくに社会的な相互作用の構成を試行する実験場とみなしている。その結果、小規模の住宅建築のための革新的な解決策がもたらされ、それと同時に後にさらに大規模な公共建築物において再現される可能性のある空間のプロトタイプが生み出される。

　外観にかかわらず、現代の住宅設計の傑出した創造性は、多くの場合には厳しい法的、経済的、空間的な制約のもとで発揮される。これには巧妙な工夫が必要であり、設計者は建築的概念を純化および具現化して、非常に明解な構成にすることを余儀なくされる。設計要件で求められる諸室を配置するため、あるいは所有者たちが住み方を考えなければならないようなやや曖昧な空間構成を押し通すために、簡潔なダイアグラムが用いられる場合もある。曖昧な深度あるいはスケールをつくり出すために空間と視線を重ね合わせ、内と外、あるいは部屋と部屋の間の区別を曖昧にするために壁や間仕切を配置する。このようにさまざまな空間やアクティビティを混合させることによって、どうしても狭苦しくなってしまう室内をより大きく感じさせ、実際の機能性を向上させている。実際に、それらの内部構成の繊細さと柔軟性においては、たとえもっともラディカルな現代住宅の設計でも、伝統的な日本建築の一部の属性——気候や四季の変化に対する開放性と合わさった親密な感覚、内から外へと微妙な差異を醸し出す空間の積層、機能的な曖昧さ、可動間仕切によって変えられる室の構成など——の再考案であるとみなすこともできる。

　先人たちと同様に、新世代の建築家たちは建築をその本質的な要素とふるまいに純化したいという強い思いに押されて、シンプルなかたちとミニマルな

表現を用いる傾向がある。実際に、新世代の建築家たちの作品の多くは、西洋の前衛的な建築ではとくに顕著であるが、日本では著しく欠けている、形態的な実験を可能にしたパラメトリック機能を備えたCADソフトウェアを暗黙のうちに拒否して、鉛筆、紙、ハサミ、接着剤のみで設計したかのように見える。一見するとこれらの住宅は表現不足、あるいはデザイン不足に見えるかもしれないが、近くでよく見ると、予想が裏切られ困惑させられる。西洋の建築家による複雑な三次元曲面は、大抵は乱暴にねじ曲げられた従来の枠組工法で支持されているが、一方で、日本のアバンギャルドな建築のシンプルなボリュームは、驚くほど自由で洗練された方法で組み立てられている。その結果、吊り下げられているか、あるいはいかなる妥当な支持手段も用いずにかろうじて地面に触れているだけのように見える要素で構成された、視覚的な繊細さと軽さがもたらされる。

仕事の依頼を得るための競争や厳しい予算、そしてさらなる環境的責任への要求、それと同時に日本では約20年に一度のペースで起きる、より広範囲の社会・経済問題——1950年代の戦後復興、1970年中期のオイルショック、1990年初期の経済危機、2008年の地球規模の金融危機、そして2011年の東日本大震災および原発事故——によって、新たなイノベーションが推進される。そのたびに、多くの若い建築家たちがわずかばかりの住宅設計の仕事をもとに、それより大きなものを建てられる目先の見通しはないまま独立せざるをえない。一部の建築家にとっては、それは彼らのキャリアを決定づけることになるが、本業の傍ら教職で生計を立てつつ、小規模で小回りのきくアトリエ事務所を保持することを余儀なくされる。それでもなお、新しい建築の影響はその規模によるものではなく、それが体現する空間的・文化的な提案によるものである。若い日本の建築家は驚くほど粘り強くクリエイティブだが、彼らが影響を与えられるのは建築環境のほんの一部にすぎない。よって彼らが本当に望むことができるのは、建築業界、そして社会全体に再び考えることを促す提案やプロトタイプをつくりだすことだ——今までと違ったやり方で物事を見て、建築をつくり、あるいは生きるために。(Thomas Daniell／建築家)

# 幻想と現実の間で

ヴァレリオ・オルジアティ

戸建住宅についての提案で都市性や社会的課題に取り組んでいるところは、今日では世界中で日本以上の場所はない。日本において住宅を設計するということは、建築家にとっては単なる建築的実験以上のものである。それぞれの住宅は人間的な経験が完璧に具現化されたものであり、私たちの生き方についての新しい可能性をもった提案となっている。

　それぞれの住宅は特徴的であるが、限られた都市空間によって、すべての住宅でドメスティシティ（家内性）とスモールネス（小さいこと）の間の深い親和性が生み出されてきた。共通するもうひとつのテーマは、日本の不安定な大地によって、壊れやすい建築のほうがより居心地よく感じるような文化がつくられてきたことだ。これは、自然あるいは人間そのものを象徴しているということもできるだろう。日本の住宅は不思議さと即時性を共存させ、重さ、スケール、境界を拒否しているが、その結果、これらの多くは不

可解なものとみなされることもあるだろう。これらの建築に共通するテーマは、世代を超えて建築家たちに引き継がれ、世界に影響力を与える地域的実践の強いアイデンティティをつくりだした。

　さまざまな疑問に対して答えを要求する現代社会のなかで、すべての人が自身の価値体系を探し求めている。日本の住宅は、これらすべての問題から等しく距離を保った視点を見つけるための最良の機会を建築家に与えているように見える。その結果、意思決定における従来のヒエラルキーを拒否し、すべての要因を繊細なバランスを保ちながら同等に考慮する考え方が設計プロセスにおいて優先されることになる。

　日本の住宅は、現実をこうあって欲しいと思い描くのではなく、あるがままに現す。それは幻想と現実を結びつけ、このように特徴的で、かつ何よりも妥当性のあるものにしている。

（Valerio Olgiati／建築家）

## 日本らしさを具現化すること

ヘラ・ファン・サンデ

イタロ・カルヴィーノが自身の小説『見えない都市』で、それまで存在しなかった新しい場所にフィクションを持ちこみ、すばらしい古代の物語の源泉に立ち返らせたように[※]、この日本の住宅の展覧会は、息を飲むような空間体験の魅惑的な世界に建築を持ちこみ、古代の伝統であるコンパクトな生活に立ち返らせている。「どの都市のお話を申し上げるときにも、私は何かしらヴェネツィアのことを申し上げているのでございます」。マルコ・ポーロが世界の55の都市について彼の想像力に富んだそのときどきの描写をしつつも実際にはヴェネツィアを表現したように、14戸の20世紀の住宅と20戸の現代住宅のケーススタディでは、それぞれの住宅でかぎられた面における空間的な広がりについて、説得力のある物語が展開される。マルコ・ポーロが言葉、スケッチ、物、身振りを用いて偉大なるフビライ・ハーンと意思疎通を図ったように、この展示では写真、平面図、断面図、インタビューを通じてそれらの住宅について伝え、ありとあらゆる方法で見る者の感覚に訴えかける。

これらのプロジェクトは、賞賛と驚嘆の間にある緊張感を明解に描き出している。各プロジェクトは「日本らしさ」という実態のない概念の新しい空間的側面を展開させている。この展覧会で展示されているそれぞれの住宅は人びとを想像の世界に誘い、かぎりない自由の感覚を求め、これらの夢のような空間を解体し、再構築し、実行したいという気持ちを呼び覚ます。

　中心となる建築のテーマは「生活」であるが、それは純粋な住宅のプログラムを超えて「在り方」「生き方」にまで及ぶ。それぞれの住宅は、クライアントのライフスタイルをそのとおりに体現している。

　資産価値の80%が土地によって決定され、家族5人までの所帯に平均100m²の面積が充てられる国において「デザインすること」——それは、少なくともヨーロッパ人の眼から見ると、コンパクトさと居住性の間でギリギリのバランスを保っているように見える。

　カルヴィーノの都市の描写のように、これらの住宅は、私たちの「生活」の認識の仕方に意味と解釈の両方をもたらしている。(Hera Van Sande／建築家)

※イタロ・カルヴィーノ著、米川良夫訳『見えない都市』河出書房新社、2003年、p.112

# 時代の流れと日本の家

フランク・サラマ

本展覧会は、多様な媒体により日本の住居に新たな光を投じ、特異なオブジェとして、またそれ以上に生活空間としての側面について探るものである。

まず1933年から1984年の間に建てられた14点が取り上げられているが、この家屋のほとんどは、明治時代から昭和初期にかけて日本の建築において伝統的手法がほぼ用いられなかったことの欠落を補おうとしている。これら設計の多くは伝統建築に関する再発見と一種の理論化、そして西欧的影響を受けた近代性をも含む混合的な様式である。

また20点ほどの最近の住居は、西欧より引継いだ遺産から日本の建築が自由になり、世界中が認める日本建築固有のアイデンティティが約20年前から再び生まれたことの証となっている。

このように見てみると日本の家は時代の流れをものともしないことがわかる。現代的な装いであっ

ても、16世紀の数寄屋造りの登場以来さほど変わらずに受け継がれてきた価値観や長所である落着きや穏やかさ、優美さ、各構成部との関係性、そして精神性をも内包している。この世でのあり方に一種の永遠性、連続性を伝える日本の生活様式自体が、これらをもたらしている。

　展示空間もこの気取らなさ、洗練の趣味を反映したものとなっている。合板の木製パネルは、「昨日の家」や「今の家」のいくつかが呈する控え目で植物由来の香りを想起させる。加えて、写真や、住人と建築家のインタビューを収録した図録、優れた映像も会場で紹介され、この家々の官能性、柔和な洗練ぶりを余すところなくあぶりだすものとなっている。風や光、影、私的な場面や開かれた場面などとの対話のなかでその意義を発揮し、さらに創意や的確さ、繊細な感性で日常のなんでもない所作に応えてくれるという、形式ばらない日本の住宅建築の特徴を十二分に体感させてくれる展覧会である。(Frank Salama／建築家)

**Maisons d'hier**

昨日の家

「昨日の家」は20世紀日本の住宅建築14作品をとりあげる。4人のフランス人企画者たちの着眼は、とくに日本の住宅建築がいかにして西洋の建築をとりいれ、また一方で日本の建築の伝統を継承してきたかという点にある。日本における近代建築の歴史は、わが国に西欧の影響が入り始めた幕末と明治にまでさかのぼり、以来西洋から技術や様式などさまざまな要素をとりいれ成長してきた。

　合理的な生活が求められていくなかで、和洋折衷の部分を残しながら住まいは洋風化していった。ここで最初に紹介する作品は、日本におけるモダニズム建築の父といわれるアントニン・レーモンドによる戦前の別荘である。彼は同時代の欧米の新しい建築を日本にもたらした。

　第2次世界大戦後の圧倒的な住宅難と資材不足を脱するため、機能重視の最小限住宅が提案され、集合住宅が量産された再建の50、60年代。そして国際社会への復帰が進むなかで伝統が見直され、住宅建築にも日本的な表現への回帰が見られた。国民総生産（GNP）が米国についで世界第2位の経済大国となり、住宅生産の工業化が進んだ70年代の高度成長期。都市部へ人口が集中し、都会の住宅に独創的なものが登場した。一方で成長のひずみといえる公害や環境の問題が顕在化し、建築のなかにも主流に背を向け独自の路線を歩むものが現れた。さらに世紀末に向かう80年代末から90年代初頭はバブルとよばれる好景気に沸いた熱狂的な時代。各時代に建築家たちはさまざまな住宅をつくり、次の時代の礎となる歴史を築いてきた。

　建築家が住宅建築を手がけることの少ないフランスと異なり、ここで紹介する住宅を設計した建築家たちは大規模な建築も手がけ、戦後日本社会の牽引者でもある。彼らはメディアや教壇を通して影響力のある発信も行ってきた。したがって「昨日の家」の住宅は時代ごとの主要な建築理論を反映しているといえよう。その変遷を見ていく歴史学的なアプローチがここではとられている。

東西断面図

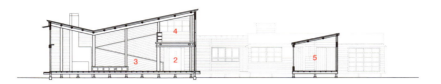

1階平面図

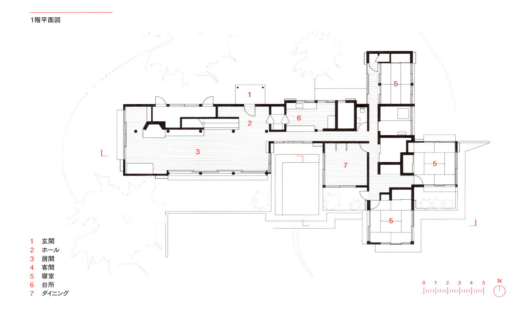

1 玄関
2 ホール
3 居間
4 客間
5 寝室
6 台所
7 ダイニング

# 夏の家

アントニン・レーモンド
長野県軽井沢（1933、移築現存）

長い間、正当な評価を得ていなかったチェコ人建築家レーモンドは、ヨーロッパ近代建築運動が発展させた数々の思想を日本に伝えた人物である。初期にはアメリカ人建築家のフランク・ロイド・ライドのもとで働き、その後自身の作品の大部分を日本で実現した。東京の夏の暑さを避けるため長野の山間に建てられた彼自身の別荘は、教養小説（ビルドゥングス・ロマン）の名にふさわしい。ル・コルビュジエによるチリのエラズリス邸という実現されなかったプロジェクトの文字どおりのコピー、あるいはその「借用」であるこの別荘は（最初は仰天したが、おそらく時間が経ってからそのことをうれしく思ったル・コルビュジエは、全集のなかで「遠慮する必要などない…」と書くことになる）、ル・コルビュジエに対する敬意を表していると同時に日本でのレーモンドの出発点でもある。すべてが木造で（反対にチリのプロジェクトは石造である）、藁葺きのこの別荘は、日本に近代的な理念を導入しつつも、優れた感性によって、日本の家屋から着想を得てつくられており、この土地に順応したものとなっている。

南北断面図

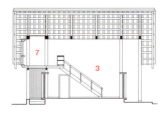

1階平面図

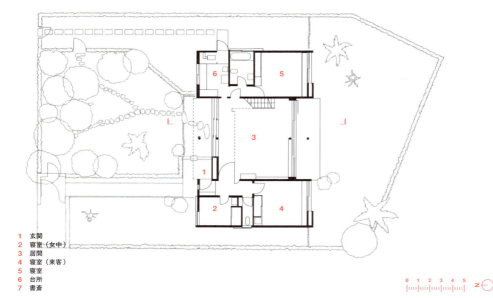

1 玄関
2 寝室（女中）
3 居間
4 寝室（来客）
5 寝室
6 台所
7 書斎

# 前川國男邸

前川國男
東京都世田谷区（1942、東京都小金井市の江戸東京たてもの園に移築現存）

前川は1920年代末にル・コルビュジエの事務所で働き、その後日本に帰国し、アントニン・レーモンドのもとで働いた。彼がつくった住宅はわずかだが、そのうちのひとつであるこの自邸は、すぐれた日本近代建築のひとつに数えられる。さまざまな理念や新しい様式を日本に導入した前川は、彼の事務所で働いていた丹下健三のその後の輝かしい経歴と同じく、公共建築を多く建てた。前川の自邸は、ナショナリズムが激化し、資材が不足する戦時中に海外の理念を取り入れることの難しさを表している。ここに見られるのは近代的なレトリックと、木の柱による構造、切妻屋根、障子を取り入れた「カーテンウォール」といった日本的なものとの折衷なのである。

南東-北西図

1階平面図

1 玄関
2 居間
3 食事室
4 寝室
5 台所
6 寝室

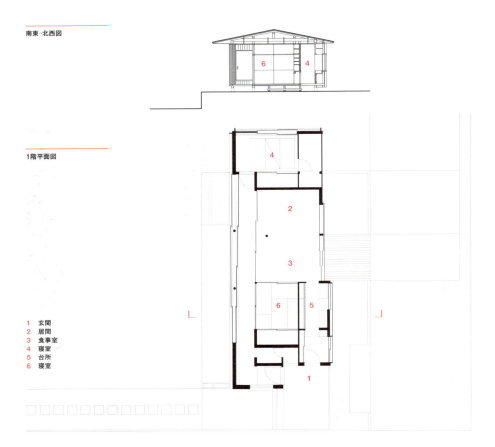

# 斎藤助教授の家

清家清
東京都大田区（1952）

この家は戦後間もない、経済の混乱と民主化の時期に建てられた。戦前にドイツ人建築家ブルーノ・タウトが評価した日本の伝統建築と、西洋からはじまった近代建築との相互影響が広まっていた時期である。アメリカでの最初のケース・スタディ・ハウスやミース・ファン・デル・ローエによるファンズワース邸と同時代に建てられたこの住居は、それらの建築と構造的な明晰さと軽さの理念を共有している。しかし同じくこの住居は、8世紀から12世紀にかけて平安時代の日本の古典建築にも多くを負っている。平安時代、寝殿造の貴族の住まいは、障子の引き戸の先に庭をのぞむものだった。細長いヴォリュームは、地面に置かれただけの単なる開放された小屋を思わせるが、室内の調度品は、「室礼（しつらい）」という古い発想にしたがって、調整可能な設備のように用途や状況に合わせて動かすことができる。

南北断面図

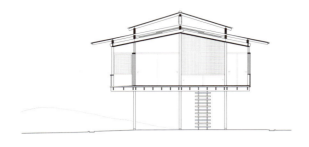

平面図

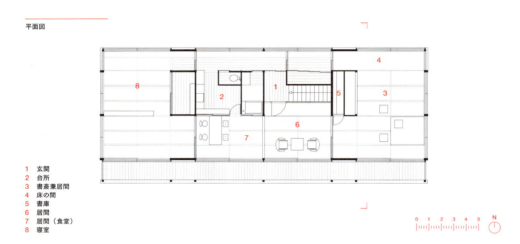

1 玄関
2 台所
3 書斎兼居間
4 床の間
5 書庫
6 居間
7 居間（食堂）
8 寝室

# 住居（丹下健三自邸）

丹下健三
東京都世田谷区（1953、現存せず）

丹下は20世紀を代表する日本人建築家と言えるだろう。前川國男の事務所で働いていた丹下は、前川から近代建築の手ほどきをうけ、生涯で数多くの建築を残した。しかし住宅建築については初期に自邸を設計したのみである。彼は共同体や現代都市を象徴的にあらわすと考えた公共建築により多くの関心を寄せていたが、その自邸は日本の近代建築の優れた典型のひとつである。この自邸には、ル・コルビュジエが提唱した近代建築の原則のうち、ピロティ、自由な平面、水平連続窓のアイデアが組み込まれている。しかし同時にこの建築には、はっきりと日本的なものも表現されている。丹下は桂離宮に顕著に見られる書院造に対する自らの関心をこの自邸のなかで明確に表現している。木の四角い柱による明確なモデュールにもとづいた構造、二尺の倍数にもとづくプロポーション、畳の間と板の間の交互の配列、広縁と床の間、襖、障子、欄間などがその例である。

南東−北西断面図

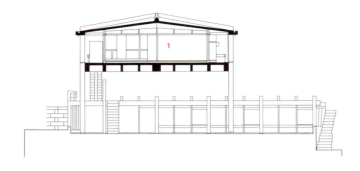

平面図

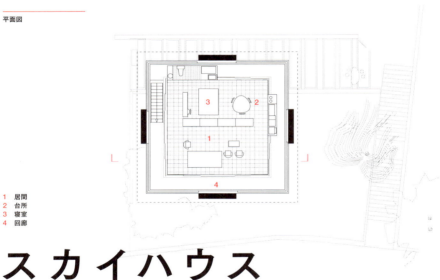

1 居間
2 台所
3 寝室
4 回廊

# スカイハウス

菊竹清訓
東京都文京区（1958、現存）

メタボリズム運動の発起人のひとり、菊竹清訓の自邸は、20世紀後半の日本建築のアイコンである。正方形の平面上に設計され、四方をガラス窓で囲まれ、4つのコンクリートの壁柱で持ち上げられたこの家は、当時、木造低層住宅が雑然と並んでいた周囲の都市環境を見下ろすように建てられた。この大胆な身振りは、高度成長期に突入し世界で二番目の経済力を持つようになる当時の日本の再生を創造的な仕方で示すものだった。だが、《スカイハウス》は縁側に囲まれたひとつの広間からなる軽い小屋としても理解することができる。縁側は日本の伝統家屋における庭と家を仕切る中間空間である。つまり、《スカイハウス》は日本文化への眼差しを向けることも忘れてはいないのである。この時代の家を見るときにしばしば起こることだが、どの建築文化が他の建築文化に先行し、影響を与えたのかはあまり判然としない。単純な構造や図面の流動性は純粋に近代的なものなのか、それとも日本の伝統を引き継ぐものなのだろうか。

南東-北西断面図

平面図

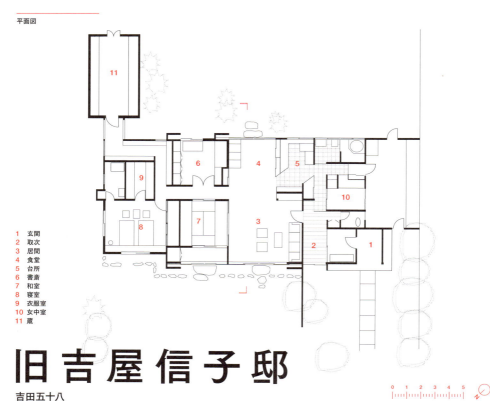

1 玄関
2 取次
3 居間
4 食堂
5 台所
6 書斎
7 和室
8 寝室
9 衣服室
10 女中室
11 蔵

# 旧吉屋信子邸

吉田五十八
神奈川県鎌倉市（1962、鎌倉市吉屋信子記念館として現存）

この家は、少女を題材にした物語で知られる小説家の吉屋信子の依頼で吉田五十八が古民家を改修した作品である。古都鎌倉にある広い庭のなかに建てられたこの邸宅には、吉田の伝統的な家屋に対する国粋的な関心が示されている。1930年代からキャリアをスタートさせた吉田は、京都の桂離宮や茶室など15世紀末に生まれた「数寄屋」様式の現代的な再生にとりわけ関心を持っていた。同時代の都市状況から離れ、庭のなかに置かれたあずま屋のようなこの家では、建築家の洗練された手腕は、内部空間を彩る多彩な素材とモチーフにおいて、また、外観に関して言えば、大きな庇のある屋根、「真壁」と呼ばれる漆喰の白壁、建築構造などにおいて発揮されている。真壁は白壁のおもてに木の柱を隠さず見せているため、柱の列はその一部となってリズムをもたらしている。この住宅は、西洋とかかわる以前の豊かな伝統を追求する建築における重要な流れを代表するとともに、より現代的な作品表現を行う建築家たちにも影響を及ぼした作品である。

東西断面図

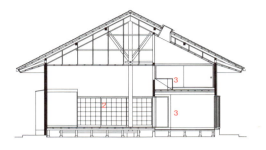

2階平面図

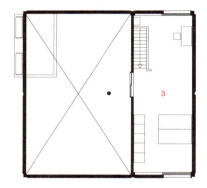

1階平面図

1 玄関
2 広間
3 寝室

# 白 の 家

篠原一男
東京都杉並区（1996、移築現存）

篠原にとって、家とは居住空間のプログラミングであるばかりでなく、芸術的な意志の表現でもある。平凡に住むための場所、非時間的な芸術作品、篠原自身の言葉にしたがうなら、永遠の芸術作品であるこの家は、抽象的かつ予見的な仕方で、国際的な近代建築運動に反対する批判的地域主義への回帰あるいはそのような批判的地域主義の出発点であることを示している。この作品は、篠原が日本のヴァナキュラー（土着的）な庶民の「民家」を再解釈していた時期に設計された傑作のひとつである。正方形の平面を分割して設けられた続き間の部屋、せり出した大きな瓦屋根、広間の白壁に浮かび上がる樹皮を剥いだだけの北山杉の大黒柱、もっとも簡素化された住居の実用部、こうした要素のおかげで、この家は単なる生活空間を超えるような建築物になっている。

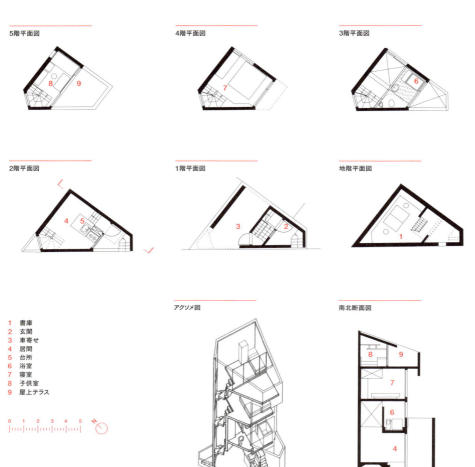

| | |
|---|---|
| 1 | 書庫 |
| 2 | 玄関 |
| 3 | 車寄せ |
| 4 | 居間 |
| 5 | 台所 |
| 6 | 浴室 |
| 7 | 寝室 |
| 8 | 子供室 |
| 9 | 屋上テラス |

# 塔の家

東孝光
東京都渋谷区（1966、現存）

戦後の都市への人口集中は、固定資産税の高騰を引き起こした。日本人の大部分は、遠い郊外やベッドタウンの一戸建てに暮らすことを切望した。大阪から上京した若き建築家である東は、無謀にも妻と娘と暮らすために都心に20m²の土地を買うことにした。その結果できたのが、6階建て、各部屋およそ10m²、仕切りなしの地味で無骨なコンクリートの塔である。この家が建てられて以降、周囲の市街地は発展を遂げ、塔も近隣と比べて小さく感じられるようになったが、それでも竣工当時から変わることなく都会生活の夢を讃え続けている。

南北断面図

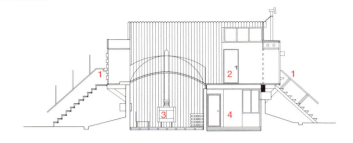

2階平面図

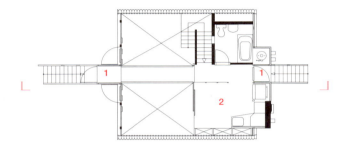

1階平面図

| 1 | 玄関 |
| 2 | 食堂・台所 |
| 3 | 居間 |
| 4 | 寝室 |

# 幻庵

石山修武
愛知県新城市（1975、現存）

戦後のル・コルビジュエのブルータリズムと、英国アーキグラムの「ヒッピー」の遠い後継者ともいえる石山は、茶道を愛好する友人の要望に応えてこの家を設計した。この偶像破壊的で繊細な建築作品は、浮世絵や漫画に代表される、海外ではまだよく知られていないもうひとつの日本文化である大衆文化の伝統を想起させる。石山は、意図的にはずしたユーモア、ヴァナキュラーなものへの愛好、カウンター・カルチャーの表現を、日本の伝統建築の典型のひとつである茶室という高尚なものと折衷することを厭わない。しかしながら、ここでの茶室は、工業用部品と職人の技術とを用いて部分的には自前で作られているのだ！　どことなく人の顔を思わせる模様と彩色ガラスを用いて、波板（コルゲートシート）で作られたこの建築は、田舎の別荘であり、素朴さと簡素さの「わびさび」の美学に貫かれた茶室であり、ひとつの芸術作品であり、また同様に工業用配管の一部のようでもある。

東西断面図

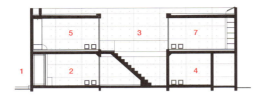

2階平面図

1階平面図

1 玄関
2 居間
3 中庭
4 食堂・台所
5 寝室
6 デッキ
7 書斎

アクソメ図

# 住吉の長屋

安藤忠雄
大阪府大阪市（1976、現存）

伊東豊雄と同様、安藤は槇文彦によって当時「野武士」すなわち「主人なきサムライ」と呼ばれた建築家のうちのひとりである。とりわけ篠原一男に代表される新世代の彼らは、家とその都市状況との関係を従来とは異なる仕方で構想した。急速な復興と高度成長期に生じた深刻な環境問題によって特徴づけられる当時の日本の都市において、住居空間は保護された、内向的で自閉的なものが望まれた。この家は、幅が狭くて奥行きのある都市部の集合住宅の典型である「長屋」の形をとり、断熱材など含まない打ち放しのコンクリートでつくられた。開口部は、天候にかかわらず部屋を移動する際に通らなければならない、無機的な中庭に開くのみである。この家は、人間と自然との新たな関係性を象徴的に表している。大阪の過密地区の道からこの家へと入ると、住人は抽象的な空間に直面することになる。そこでは、形而上学と物理学（空から差し込む光と大気）が結びつき、新たな生の経験が生み出されるのである。

南東-北西断面図

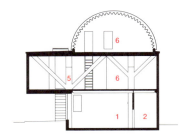

3階平面図

2階平面図

1階平面図

1　スタジオ
2　倉庫
3　暗室
4　台所
5　居間・食堂
6　寝室
7　和室

# 上原通りの住宅

篠原一男
東京都渋谷区（1976、現存）

篠原のもうひとつの代表作であるこの家は、彼自身が第三の様式と呼んだスタイルに属している。つねに自身の実践を理論化することに敏感であった篠原が、「都市の野生」と「プログレッシブ・アナーキー」と呼んだ時代へと移行したころの作品である。篠原が特に好んだ、当時の新素材であるコンクリートの柱による、ほとんど巨人を思わせる構造は、船体のような屋根を支えており（床は打ち放しのコンクリートの壁のあいだにはめ込まれ、木でできている）空間の機能性と衝突する。外側から見るとこの家は非常に抽象的な様相を呈しており、そのため形態と機能との結びつきはなく、周囲の環境との関係性もないため日本の都市の「カオスの美」に加担している。こうして篠原は、同時代の都市の荒々しさに対して批判を込めた敬意を表している。彼はまた、快適さや機能性といった西洋的な概念の影響下にある家庭空間をこの時代に清算したのである。

東西断面図

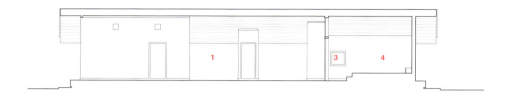

1階平面図

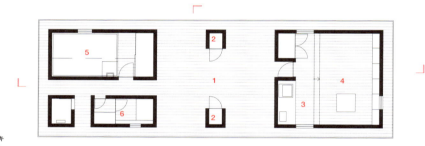

1 デッキ
2 収納
3 台所
4 食堂
5 寝室
6 浴室

# 山川山荘

山本理顕
長野県佐久市（1977、現存）

夏の休暇のための空間を望んでいた施主のために手がけたこの最初の住宅作品で、山本はすでに彼が理想とする詩的な機能主義を描き出している。先行する建築家たちがすでに試行してきた、地面に置かれた小屋のような形式を継ぎながらも、この家の独創的な点はコンセプトのラディカルさに見出される。大きな屋根がすっかり外に開かれたテラスを覆っており、そのテラスの上に小さな部屋のブロックが散らばっていて、一方の側には寝室、他方にはキッチンとダイニングが配置され、さらにトイレとバスルームがある。あたかも外皮が消え去って身体の内部の器官がすっかりあらわになったかのようだ。この家はさまざまな機能の結合体のような様相を呈しており、非常に流動的で自由な印象を与えている。

東西断面図

南北断面図

2階平面図

アクソメ図

1階平面図

| 1 | 主室 | 5 | 間室部 |
| 2 | 室 | 6 | 外室 |
| 3 | 付室 | 7 | 付室部1 |
| 4 | 付室部3 | 8 | 付室部2 |

# 南湖の家

坂本一成

神奈川県茅ヶ崎市（1978、現存）

師であった篠原一男と同様、坂本のキャリアの大部分は住宅建築の設計で占められている。《南湖の家》は70年代の作品群のひとつであり、この時期は、坂本がもっとも著名な住宅を設計した時期であり、それらの作品には、坂本の姿勢に特有の繊細な両義性があらわれている。地味な切妻屋根と、簡素な材料のために一見すると凡庸な「なんでもない家」のようであるが、同時に、かなり生硬な抽象的な形でもあるため、それがこの家の個性にまでなっている。都市のなかで閉じているものの（坂本の表現を借りるなら「閉じた箱」ということになる）、この家は屋外に開かれた作りになっている。大橋晃朗との共同作業による内装もありふれた材料（ラワン合板）によって統一されたつくりになっており、均質な壁となってせり出している。部屋はとても流動的な仕方で、仕切られつつつながっており、そのためこの家は奇妙に広く感じられる小さな箱のようで、建築とも家具ともつかないものになっている。

東西断面図

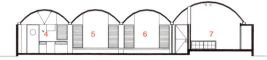

平面図

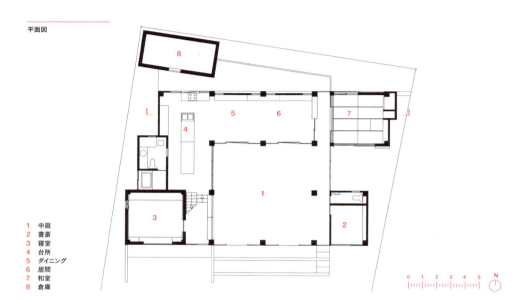

1 中庭
2 書斎
3 寝室
4 台所
5 ダイニング
6 居間
7 和室
8 倉庫

# シルバーハット

**伊東豊雄**
東京都中野区（1984、愛媛県今治市の伊東豊雄建築ミュージアムに移築保存）

この家は伊東が1976年に姉のために建てた、海外ではWhite Uの名称で知られる《中野本町の家》の隣にある。《シルバーハット》は、安藤の《住吉の長屋》の閉鎖的で防護的な住居と同じ系統に属しており、あらゆる意味において他の地平へと開けている。金属によるトラス構造のヴォールトが連なる建物は、開放性と軽快さそのものだといえる。それでも、きわめて流動的な平面をもつこの作品には、当時流行していたこれ見よがしなハイテク様式は存在していない。屋根は、ボルトで締めてつなぎ合わせただけの組み立てユニットからつくられており、職人的なジャン・プルーヴェを想起させる、繊細で「クール」なある種のブリコラージュである。建築家自身とその家族のために設計されたこの家は、日本経済が世界に影響を及ぼしていたバブル期に建設され、当時の都市のノマドたちの感性に呼応する。彼らにとって、住居は、巨大な現代都市のあふれるほどの情報と自由の流れにおける当時の単なる避難場所なのである。

## Maisons de Tokyo

## 東京の家

「東京の家」は写真家のジェレミ・ステラが2010年より制作を始めた、同名のシリーズより選ばれた36点で構成され、独自の世界観を持ったいわば「展覧会のなかに入れ子になった展覧会」である。

　このシリーズでステラがとりあげているのは文字どおり東京都内に所在し、2000年以降に建てられた現代の個人住宅である。加えてデザインの観点から見て造形的にステラを魅了した優れた作品が被写体となっている。

　2009年より日本に在住しているステラの当初の構想は、東京の街のドキュメンタリー写真を撮りたいというものだった。東京の街をありのまま客観的にとらえ、日常的に繰り広げられる人々の生活のなかの些細なワンシーンにカメラを向ける。足早に通っていくスーツ姿の営業マン、ランドセルを背負った小学生、自転車に乗った新聞配達人が、彫刻のようにたたずむ建築と同じようにフォーカスされ、あたかも舞台の上の役者のようにとらえられている。またステラの関心は住宅そのものから街へとつながっており、道路や周囲の環境とのかかわりへと拡張していく。「高層ビルや密集した人ごみを想起させる東京は、現実にはパリよりさらに低い建物が立ち並ぶ平面的な都市である。独立した個人住宅が平べったい土地に、まさに密集している。狭い通りに面した限られた土地にそれぞれの家族が空に向かって開かれた繭のような、そして同時に通りからはしっかり隠された小さな我が家を建てている」とステラは語る。

　ステラはエンジニアから写真家に転向し、パリに暮らすアフガニスタン移民の若者たちの生態をとらえたドキュメンタリーでデビューをかざった。以来異文化との出会いに魅了され、8年前より東京に活動拠点を移して報道写真を中心とした制作活動を展開している。

II-1

II-2

II-3

II-7

II-8

II-9

II-13

II-14

II-15

II-4

II-5

II-6

II-10

II-11

II-12

II-16

II-17

II-18

II-19

II-20

II-21

II-25

II-26

II-27

II-31

II-32

II-33

東京の家

II-22

II-23

II-24

II-28

II-29

II-30

II-34

II-35

II-36

089

**pp. 86-89すべて**
ジェレミ・ステラ「東京の家」シリーズより

II-1 《アトリエ・天工人／チカニウマルコウブツ、2010年8月6日》 撮影：2010年8月6日

II-2 《日祥工業／桜ヶ丘ハウス、2010年9月2日》 撮影：2010年9月2日

II-3 《妹島和世／梅林の家、2010年9月2日》 撮影：2010年9月2日

II-4 《A.L.X.／On the cherry blossom、2010年9月3日》 撮影：2010年9月3日

II-5 《A.H.アーキテクツ／YY House、2010年9月15日》 撮影：2010年9月15日

II-6 《アトリエ・天工人／Lucky drops、2010年9月21日》 撮影：2010年9月21日

II-7 《スターパイロッツ／スイミーハウス、2010年9月22日》 撮影：2010年9月22日

II-8 《マウントフジアーキテクツスタジオ／雨晴れの住処、2010年9月22日》 撮影：2010年9月22日

II-9 《隈研吾建築都市設計事務所／Wood/Berg、2010年11月3日》 撮影：2010年11月3日

II-10 《西沢立衛建築設計事務所／森山邸、2010年11月11日》 撮影：2010年11月11日

II-11 《アーキテクトン／White Base、2010年11月12日》 撮影：2010年11月12日

II-12 《アトリエ・天工人／ペンギンハウス、2010年11月20日》 撮影：2010年11月20日

II-13 《山縣洋建築設計事務所／BB、2011年2月15日》 撮影：2011年2月15日

II-14 《アーキテクトン／Ambi-Flux、2011年3月9日》 撮影：2011年3月9日

II-15 《横河設計工房／八丁堀・桜庵、2011年4月8日》 撮影：2011年4月8日

II-16 《伊丹潤・アーキテクツ／墨の家II、2011年4月10日》 撮影：2011年4月10日

II-17 《スタジオ・ノア／井の頭の家、2011年7月13日》 撮影：2011年7月13日

II-18 《オクトーバー／Doubleblind、2011年8月24日》 撮影：2011年8月24日

II-19 《オクトーバー／Subdivision、2011年9月17日》 撮影：2011年9月17日

II-20 《アーキテクトン／Delta、2011年11月1日》 撮影：2011年11月1日

II-21 《オクトーバー／Edgeyard、2012年5月23日》 撮影：2012年5月23日

II-22 《藤本壮介建築設計事務所／House　NA、2012年7月23日》 撮影：2012年7月23日

II-23 《アトリエ・ワン／タワーまちや、2013年2月1日》 撮影：2013年2月1日

II-24 《青木淳建築計画事務所／i、2013年3月6日》 撮影：2013年3月6日

II-25 《イイヅカアトリエ／キッチンのない家、2013年3月8日》 撮影：2013年3月8日

II-26 《林順孝建築設計事務所／中目黒の家、2013年3月21日》 撮影：2013年3月21日

II-27 《TNA／シロガネの家、2013年3月21日》 撮影：2013年3月21日

II-28 《岡田哲史建築設計事務所／若葉台の家、2013年6月4日》 撮影：2013年6月4日

II-29 《プライム建築都市研究所／殻の家、2013年8月29日》 撮影：2013年8月29日

II-30 《横河設計工房／弘中邸、2013年9月17日》 撮影：2013年9月17日

II-31 《NIIZEKI STUDIO／WEP下北沢、2013年9月17日》 撮影：2013年9月17日

II-32 《阪根宏彦計画設計事務所／九段の家、2013年10月8日》 撮影：2013年10月8日

II-33 《保坂猛建築都市設計事務所／Room room、2013年10月11日》 撮影：2013年10月11日

II-34 《アトリエ・天工人／Magritte's、2013年10月28日》 撮影：2013年10月28日

II-35 《木下道郎ワークショップ／Laatikko、2013年10月28日》 撮影：2013年10月11日

II-36 《ミリグラムスタジオ／深大寺の入籠、2013年11月1日》 撮影：2013年11月1日

# 今の家

## Maisons d'Aujourd'hui

「今の家」では21世紀に入ってから竣工した最新の住宅建築20作品をとりあげる。実際、ここで紹介する建築家たちは平均年齢49歳、施主も働き盛りで半数以上がこれらの家で子育て中であり、まさに今を生きる建築である。

これら20作品を描写する写真はいわゆる正統派の建築写真とは趣を異にする。写りこんだ電線は消去されずそのままで、説明的で無機質な外観写真もない。むしろ庭や室内で無心に遊ぶ子どもたちや、居間で一服の茶を楽しむ人々のくつろいだ表情が、主役の建築に引けを取らない。これらの写真は2013年、ヨーロッパ巡回展に先立ち4人のフランス人たちがそれぞれの家を訪ねた際、ジェレミ・ステラが撮影したものである。

加えて、日本の住宅建築の本質、伝統的な住まいと暮らしの感性がどのように継承され、建築家がそこでどのような役割を果たしているかを明らかにするために彼らが行った建築家と住人へのインタビューが、重要な位置を占めている。

現代日本における個人住宅の数の多さ、都市特有の厳しい立地条件、耐用年数の短さは日本の経済や税制などの固有の状況に由来するもので、ヨーロッパの観客にとってはなかなかわかりづらいであろう。一方、個室中心の西洋に比べて、日本の住宅は私的領域が厳密ではないため、かえって間取りは自由で創造的な点が高く評価される。写真と映像から読みとれる住まいに対する愛着への共感とあいまって、ヨーロッパの観客からはこれら現代住宅に多くの賞賛が寄せられた。

住宅のかたちは時代とともに変化したにせよ、インタビューからは日本人の住まいのかたちが育む感性や昔からの生活習慣が、日本の文化として変わることなく人々に受け継がれていることが再認識される。4人の企画者たちはそのことを明らかにするために、インタビューという事例的社会調査の方法を有効に用いた。社会学や文化人類学、経済学といった領域でしばしばとられるアプローチである。

# 伊豆高原の家
## Maison à Izukôgen

堀部安嗣（堀部安嗣建築設計事務所）
Yasushi HORIBE Architect and Associates

―――なぜ建築家に建ててもらうことにしたのですか？

<u>住み手</u>　鹿児島にある堀部さんの最初の作品を見て気に入ったからです。

―――どのような要望がありましたか？

<u>住み手</u>　この家は別荘なのですが、「明るくて危険のない」東京とは反対に何か「暗い」ものを希望していました。同じ土地に以前あった家の記憶、幼少の頃に両親と来ていた家の記憶に基づいた家を望んだのです。それには、高さの十分な2階と近くの海を臨む窓が必要でした。

<u>建築家</u>　暗さと記憶、鹿児島のプロジェクトにも通じる要素です。

―――この家の構想段階で使われたキーワードは何でしたか？

<u>住み手</u>　暗さと記憶です。

<u>建築家</u>　まさにそのふたつの言葉ですね。

―――この家の中で、日本の伝統的な家屋を思い起こさせるのはどのような要素ですか？

<u>住み手</u>　1階にとても小さなステップがあって、絵巻物にあるような景観や借景を思わせます。

<u>建築家</u>　とくにありません。地元の技術（漆喰や木材など）を自然に用いて、気候にも考慮しました。私の建てる家にはいつも傾斜のある屋根と広い庇をつけています。

―――家と周囲の環境との関係はどのように考えましたか？（景観、光、音、快適さなど）

<u>住み手</u>　私にとって大切なのは海を臨む大きな窓です。伊豆高原は海が近く、そのため気候がとても穏やかだという利点があります。例えば、壁は内も外も漆喰で覆われているので家が安らぎを与えてくれます。この家に来ると気分が調節されます。気分の悪いときにはそれが良くなり、反対に気分が良すぎるとそのバランスをとってくれるのです。

<u>建築家</u>　海、香りを放つオリーブの木、となりの庭、非常に美しい岩などが家の周りにどう配置されているかのフレーミングについては考えました。

―――日本の文化はしばしば自然や季節との調和を大切にします。この家ではそうした関係性をどのように体験することができますか？

<u>住み手</u>　うぐいすの鳴き声を聞けますし、より広く、春の自然が奏でる音を聞くことができます。雨傘のような機能をもつ屋根に落ちる雨粒の音や風の音もそうです。

<u>建築家</u>　私は季節とともに生活し、それゆえ季節に影響されます。しかし、調和や体系的な表現性を求めてはいません。まずは使えるものを使い、家の簡素さを求めます。もっと大きな家であっても、私はつねに、照明、電気のスイッチ、インターネット回線にいたるまで削減しようと努めています。天然の地下源泉を見つけられたら、それも使おうとするでしょう。

―――この家はあなたの生活習慣を変えましたか？　あなたの好きな場所はどこですか？

<u>住み手</u>　ここは夫と出会った場所です。堀部さんがキューピッドでした。ここはあまり頻繁には来ることのない別荘ですが、この家があることで私たちは安心感を得ています。お気に入りの場所は、2階の大きな部屋に敷いた布団です。飾ってある袴田京太朗さんの作品《夜の誕生》を鑑賞できます。

Ⅲ-1-1

Ⅲ-1-8

# 昭島のハウス
## Maison Aki-shima

西沢大良（西沢大良建築設計事務所）
Taira NISHIZAWA Architects

―――なぜ建築家に建ててもらうことにしたのですか？

住み手　西沢さんとは高校生のころから知り合いでした。最初はアパートを考えていたのですが、希望が多すぎて。そのとき、西沢さんが一戸建てを勧めてくれ、土地探しも手伝ってくれたのです。

―――どのような要望がありましたか？

住み手　維持管理が簡単で、自分に合った家、場所がよくて、職場や駅や市街地から近い家を望んでいました。ピアノを弾くときに近所迷惑にならないような一戸建てが必要でした。アパートでは難しいので。

建築家　維持管理の簡単な家、場所がよくて密集していない開けた土地、そしてピアノ部屋です。

―――この家の構想段階におけるキーワードは何でしたか？

住み手　日常生活のなかの自由です。

建築家　ピアノを弾くのが好きな独身者のための家です。

―――この家のなかで日本の伝統的な家屋を思い起こさせるのはどのような要素ですか？

住み手　小さな低い窓のついた畳のある寝室です。畳の上で琴を弾くとき、楽器に光が少し射し込むのです。

建築家　各階には大きな部屋がひとつあるだけです。メインフロアの壁は合板で覆い、エリアに応じて色合いを変えています（台所とダイニングはピンク、仕事場は濃いブラウン、畳の寝室はナチュラル）。ある意味で、この色合いの差がゆるやかに部屋を仕切る障子の役割を果たしているのです。

―――家と周囲の環境との関係（景観、光、音、プライバシーなど）はどのように考えましたか？

建築家　たとえばキッチンには、空や遠くを望む高くて大きな窓があります。このため、庭のなかに置かれた日本の小さな伝統家屋から見えるわずかな眺望と同じように、部屋を大きく見せる効果があります。この家には隣接する建物がありません。そのため家の裏というものがありません。外観は統一されていて画一的です。接合部がなく、角は丸みを帯びており、唯一の支持体である金属のボードが家を覆いつくしています。断熱性は高く、二重ガラスになっています。複数の窓から、夏には簡単に風を入れることができますが、結局、施主が仕事から帰るのが遅いため窓は閉めっぱなしのようです。

―――日本文化はしばしば自然や季節との調和を重んじてきました。この家ではそうした関係性をどのように体験できますか？

住み手　そのような体験はありません。私は周囲の環境を直接的に経験することや近所の家が見えることを望んでいません。キッチンから見えるのびてゆく道路やテラスからの山の眺めが好きです。夏、家のなかは暑いです。夜遅く帰るので、窓は閉めたままにしておきます。そしてエアコンを使います。冬は断熱材のために暖かいです。

―――この家はあなたの生活習慣を変えましたか？ あなたの好きな場所はどこですか？

住み手　家に帰ると自由を感じられます。あまり遠慮することなく楽器を演奏して音を出すことができます。アパートに住んでいたときのようなフラストレーションはなく、家は完全に自律しています。好きな場所は洗面所と浴室です。洗面所はとても明るく快適で、大きな鏡があります。浴室には好きな色のピンクの陶磁器質のタイルが張られています。照明もとても柔らかく心地よいです。リラックスさせてくれます。

Ⅲ-2-4

Ⅲ-2-6

Ⅲ-2-3

# ハウス＆アトリエ・ワン
## Maison et Atelier Bow-Wow

塚本由晴＋貝島桃代＋玉井洋一（アトリエ・ワン）
Atelier Bow-Wow

―――なぜ建築家に建ててもらうことにしたのですか？
住み手/建築家　自分たちの住居兼職場ですので、私たちにとっては当然のことかと……。

―――どのような要望がありましたか？
住み手/建築家　私たちの生活空間は〈家〉〈事務所〉〈研究室〉の3つに分かれています。ひどく分散していたのです。だから、家と事務所をまとめることにしました。

―――この家の構想段階におけるキーワードは何でしたか？
住み手/建築家　くつろぎです。

―――この家のなかで日本の伝統的な家屋を思い起こさせるのはどのような要素ですか？
住み手/建築家　部屋と部屋の間で音が遮断されないので、音が自由に家のなかを駆け巡ります。これは日本文化や日本家屋の特徴です。

―――家と周囲の環境との関係（景観、光、音、プライバシーなど）はどのように考えましたか？
住み手/建築家　私的空間の定義は独断的なものです。家のなかに人を招き入れることがきわめて稀な日本においては、とくにそうです。
家と事務所を一緒にし、設計事務所の仕事のための訪問者を受け入れることで、そのようなドグマを回避することができます。

―――日本文化はしばしば自然や季節との調和を重んじてきました。この家ではそうした関係性をどのように体験できますか？
住み手/建築家　家の周りの植物は変化します。
室温ですが、すべてのフロアを温める巨大な〈ラジエーター〉を用意しました。15℃の水が地下40mからポンプで汲まれ、さらに電熱器で温められます。冬には、熱いお湯がラジエーターを流れます。夏には、冷たい水がラジエーターを流れ、家を冷やします。

―――この家はあなたの生活習慣を変えましたか？　あなたの好きな場所はどこですか？
住み手/建築家　はい。移動の時間が減り、人を招くことが増えました。テラスが私たちのお気に入りの場所です。

III-3-2

III-3-9

ハウス＆アトリエワン

III-3-3

III-3-5

# HOUSE kn
## Maison kn

河内一泰（河内建築設計事務所）
KOCHI ARCHITECT'S STUDIO

─── なぜ建築家に建ててもらうことにしたのですか？

住み手　特注でつくられるもの、手づくりのものが好きだからです。

─── どのような要望がありましたか？

住み手　くつろげる生活の場をもつことです。

建築家　施主は日当たりがとてもよく、近所の視線から守られた家を望んでいました。

─── この家の構想段階におけるキーワードは何でしたか？

住み手　シンプルさと、日本語でいうところの「モダン」な感じです。

建築家　開かれていることと……閉じられていることです。

─── この家のなかで日本の伝統的な家屋を思い起こさせるのはどのような要素ですか？

住み手　靴を脱ぐ玄関に加えて、身体を洗うためのシャワースペースと、お湯に浸かってくつろげる埋め込みタイプの浴槽のある浴室です。1階の大きな部屋は、襖でふたつの部屋に分けることができます。

建築家　庇、家や庭を囲う壁の着想を日本の伝統的な家屋から得ました。

─── 家と周囲の環境との関係（景観、光、音、くつろぎなど）はどのように考えましたか？

住み手　2階からの眺めですが、外から見えないよう守られつつ外に対して開かれており、私たちが求めていたバランスが表現されています。

建築家　この家に直接関わる環境は、静かで緑が多く、心地よい日本の住宅街に典型的な環境です。そのため、適切なプライバシーを保ちながらも、環境の良さを活用できるよう、家を可能なかぎり開放的にするべきだと考えました。家（と庭）の周りに壁を置き、そこに非常に大きな開口部を設けることで、日光や風を取り込み、居住者に眺めを提供しようと考えたのです。

─── 日本文化はしばしば自然や季節との調和を重んじてきました。この家ではそうした関係性をどのように体験できますか？

住み手　この家のおかげで冬には家族での素晴らしい時間を過ごせますし、春には芝が生えるのを見たり景色を観賞したり、夏には家を全開にして……自由な時間を過ごすのです。

─── この家はあなたの生活習慣を変えましたか？　あなたの好きな場所はどこですか？

住み手　はい。生活の仕方が変わり、自宅に多くの人を招いています。私たちのお気に入りの場所はテラスです。

# カタ邸
## Maison Kata

加茂紀和子＋マニュエル・タルディッツ
KAMO Kiwako & Manuel TARDITS

———なぜ建築家に建ててもらうことにしたのですか？

住み手/建築家　私たち自身の家なので、実験の場にしたいと思いました。

———どのような要望がありましたか？

住み手/建築家　庭に囲まれた（郊外の）一戸建てです。さまざまな場と眺望とを同時にもった流動的な空間です。コンクリートを用いて自然との関係を実験しました。

———この家の構想段階におけるキーワードは何でしたか？

住み手/建築家　自然のなかの小屋です。

———この家のなかで日本の伝統的な家屋を思い起こさせるのはどのような要素ですか？

住み手/建築家　外部との透過性。坪庭という複数の小さな庭を使った借景。天然素材の利用、そして裸足の生活。温泉のようにリラックスできる露天風呂を設置するため、屋上のテラスにお湯の配管も用意しました。

———家と周囲の環境との関係（景観、光、音、プライバシーなど）はどのように考えましたか？

住み手/建築家　眺め、光、生物の鳴き声、香り、自然に溶け込むためには、こうしたすべての要素が重要でした。5月から10月までの時期は、窓などをすべて開けています。それぞれの庭が窓枠によって切りとられ、さまざまな草木で彩られます。春から秋へとさまざまな花の香りが漂い続けるのです。

———日本文化はしばしば自然や季節との調和を重んじてきました。この家ではそうした関係性をどのように体験できますか？

住み手/建築家　私たちはエアコンなしで季節の移り変わりとともに生活をしています。冬は低層階の床暖房のみです。冬、庭のかんきつ類やお隣の柿を楽しみます。春には、ジャスミンの匂い、バラの匂い、スイカズラの匂いが次々にたち込めるのです。夏には、セミやコオロギの鳴き声を楽しみます。庭のカエデやお隣のニレの紅葉が見られます。

　私たちは機械システムには反対でしたし、省エネの姿勢で生活をしたかったのです。木々や垣根のおかげで、空気はよく循環し、採光、遮光が可能になります。冬には家のなかでしっかりと服を着込み、必要に応じて持ち運び可能な暖房具を近くに置いて利用します。夏には、Tシャツで過ごし、窓を全部開けます。私たちの身体が体温調整を行い、家の環境に順応するのです。

———この家はあなたの生活習慣を変えましたか？　あなたの好きな場所はどこですか？

住み手/建築家　私は家にこもりがちになりました（夫）。私の好きな場所はソファーです。よくそこにいますし、眺めがいいからです（妻）。私は丸テーブルの席に座っているのが好きです。1日の流れに沿って変化する光の働きを利用していて、とても快適に仕事ができるからです（夫）。

# 鉄の家
## Maison de fer

隈研吾（隈研吾建築都市設計事務所）
Kengo KUMA and Associates

product
───なぜ建築家に建ててもらうことにしたのですか？

住み手　私は隈さんと大学の同級生でした（夫）。しばらく会っていませんでしたが、2005年の名古屋の万国博覧会のプログラムを決定する共同事業で一緒に働くことになり、再会しました。同じころ、妻と私は起伏のある土地を購入し、平地での家の建設は面白くないと言っていた隈さんのことを思い出しました。

───どのような要望がありましたか？

住み手　広いダイナミックな空間に鉄道模型を展示することです（夫）。茶室です（妻）。

建築家　施主は鉄道模型をコレクションをしていて、それを活用したいということでした。

───この家の構想段階におけるキーワードは何でしたか？

住み手　「道」です。鉄「道」、茶「道」、華「道」。

建築家　電車に似た家です。

───この家のなかで日本の伝統的な家屋を思い起こさせるのはどのような要素ですか？

住み手　茶室、そして土間と呼ばれる玄関。窓から見える月、月見窓ですね。それから、仕切りを外すと居間と寝室がひとつの広い空間になります。風水による空間構成です。

建築家　長屋のような長く幅の狭い空間です。

───家と周囲の環境との関係（景観、光、音、プライバシーなど）はどのように考えましたか？

住み手　私はエンジニアなので、家を田舎の駅、あるいは、換気が完全に管理された機械室のようなものとして見立てました（夫）。自然、風、光、影と関係をもつような家にしたいと思いました（妻）。

建築家　敷地の急激な高低差を利用し、異なるふたつの高さを連結させた二階建ての家を設計しました。

───日本文化はしばしば自然や季節との調和を重んじてきました。この家ではそうした関係性をどのように体験できますか？

住み手　この家は金属でつくられていますが、冬も温かいです。独立したカプセルのようなものです。どの季節でも竹や襞のような壁の鉄板がつくる陰影を楽しむことができ、その陰がブラインドに映って変化するのです。部屋のなかを風が吹き抜けるのも楽しんでいます。

建築家　気候のことを考慮にいれながら、鉄板の内側に断熱材を入れ、それから外観を軽くするために透明のポリカーボネートで覆いました。また、1階とテラスにひとつずつ合計ふたつの庭をつくりました。そのおかげで家が周囲の自然とつながるのです。

───この家はあなたの生活習慣を変えましたか？　あなたの好きな場所はどこですか？

住み手　ようやく家で暮らしているのだという意識をもつようになりました。好きな場所ですか？　広間の鉄道模型のケースの前のテーブルに座っているのが好きです（夫）。茶室、広間の一角のキッチン・スツールに腰掛けている時、それから、アイロンかけをする二階の奥の部屋ですね。そこは、独立して閉ざされた小部屋みたいなんです（妻）。鉄道の名にちなんでつけた2匹の犬、「こだま」と「つばめ」もこの家で自分の場所を見つけたようです。

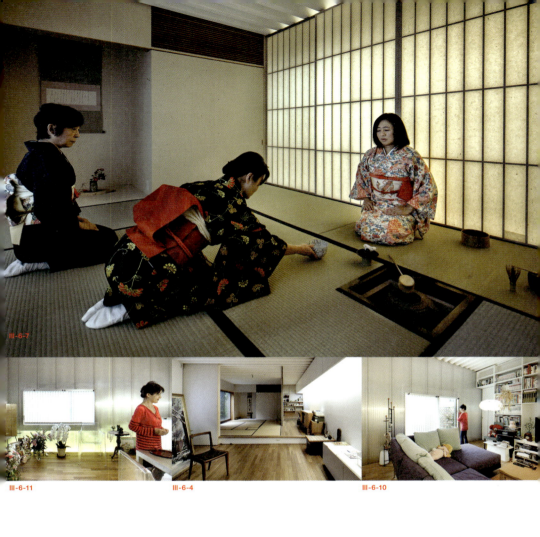

III-6-7

III-6-11   III-6-4   III-6-10

III-6-12   III-6-9

# O邸
## Maison O

中山英之（中山英之建築設計事務所）
Hideyuki NAKAYAMA Architecture

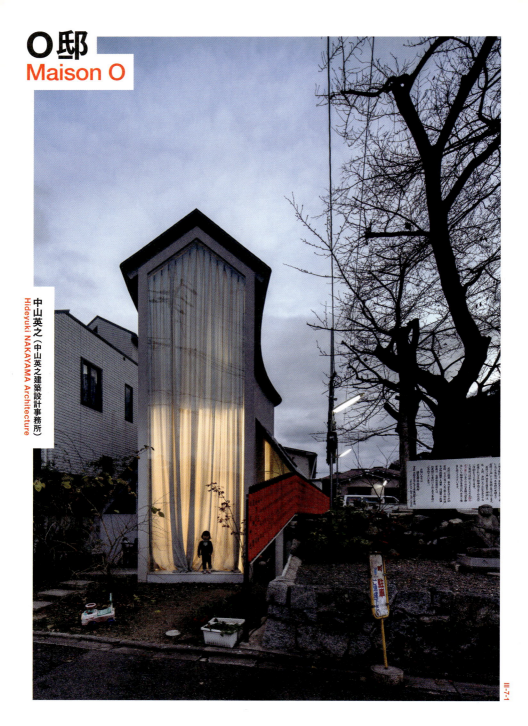

III-7-10　III-7-6

―――なぜ建築家に建ててもらうことにしたのですか？

住み手　建築が好きで、中山さんとは知り合いでした。彼の思考の柔軟さ、そして、ただユニークで強いコンセプトに頼るだけではないやり方が気に入っています。彼もわたしの家族のことをよく知っています。

―――どのような要望がありましたか？

住み手　隣の敷地にある桜に惹かれてこの土地を選びました。ライフステージや気分に応じて使うことのできる自由な空間を望んでいました。ホールでは、子どもたちが遊んだり、料理を準備したりできます。隣人たちが集まって会合をしたり、政治について話したりすることもあるのです。（台所や浴室など）生活臭のする部屋は目立たないようにしてもらいたかった。妻は庭も欲しいと言っていました。

建築家　施主は、4人家族が暮らす家が欲しいと私に言いました。どんなに小さくても庭も欲しいと言っていました。しかし私からすれば、要望というほどのものではありませんでした。

―――この家のなかで日本の伝統的な家屋を思い起こさせるのはどのような要素ですか？

住み手　家はとても開放的で、その形は「お神輿」をしまう神輿殿を思わせます。ご質問には直接関係ありませんが、美観地区を保全する条例を守りながら家を設計しなくてはいけませんでしたから、屋根は勾配のあるものでなくてはいけませんでしたし、使う色もかぎられました。

建築家　家は本体部分とふたつの付加部分からなります。この構成は日本の伝統的な建物を思い出させます。切妻屋根の形や家の本体部分の外壁の色は条例との関係で決めました。家のヴォリュームの小ささと庭に、ここでの日常生活がどのようなものかが端的に表れています。

―――この家の構想段階におけるキーワードは何でしたか？

住み手　これといった理由はありませんが、驚きでいっぱいの不思議な家を望んでいました。地面からとても近い家というのも望んでいました。この家は生きているのです。最初のころのようにいつも同じ玄関から帰ることももうなくなりましたし、広間の白い床は時間の経過とともに変色してきました。

建築家　たいていの時間を家で過ごしているにもかかわらず、施主は、外からきた人のようにずっとこの家について発見をし続けていたいと言っていました。また、多機能性もキーワードでした。

O邸

———家と周囲の環境との関係（景観、光、音、プライバシーなど）はどのように考えましたか？

<u>建築家</u>　建物と庭は相互に結びついています。内部と外部の対立はなくむしろ連関しているのです。一方に家があり、他方に外がある、という風に別々に考えるというよりもむしろ、両者を一緒に考えなければなりません。わたしにとってそれがエコロジーなのです。

———日本文化はしばしば自然や季節との調和を重んじてきました。この家ではそうした関係性をどのように体験できますか？

<u>住み手</u>　神社とそこにある桜、窓の前を通っていく人びと、季節の移り変わり、この界隈での散歩などです。寒いときには、窓ガラスに結露が起こります。すると、子どもたちはその機会を逃さず、窓ガラスに絵を描くのです。春には、庭にバラが咲きますし、とりわけ隣の神社の桜に花が咲きます。夏は一階のホールで寝ます。というのも、上の階はとても暑いからです。嫌いなエアコンは置かず、窓を開けて風を通します。秋の到来は葉の色が告げてくれます。私たちは季節とともに生きているのです。外が寒いときは、家のなかも寒いですが、暑いときは、反対に家は涼しいです。

———この家はあなたの生活習慣を変えましたか？　あなたの好きな場所はどこですか？

<u>住み手</u>　わたしたちは、ふたりとも京都出身ではありません。ほんの4年前に引っ越してきましたが、すでに幼稚園のママたちや隣の神社とよいつきあいをしています。また以前より自然のそばで生活をしています。最初の年の夏は、トンボと大きな蛾が窓から入ってきました。お気に入りの場所ですか？　私はあまり家にはいませんが、いるときはブルレック兄弟がデザインした大きなピンクの肘掛椅子に腰掛けるのが好きです（夫）。台所の床に座って目の前の庭を見るのが好きですし、月を見ながら皿洗いをするのも好きです（妻）。

III-7-5

III-6-9

III-6-8

O邸

Ⅲ-7-2

Ⅲ-7-3

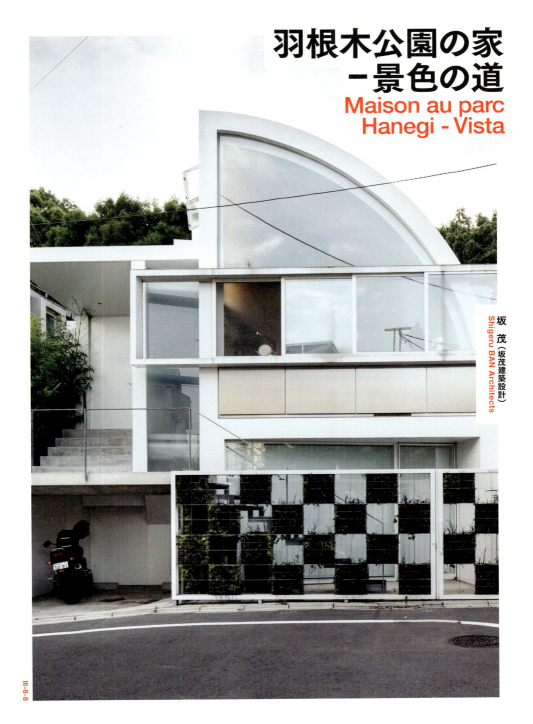

# 羽根木公園の家
# －景色の道

## Maison au parc Hanegi - Vista

坂　茂（坂茂建築設計）
Shigeru BAN Architects

——なぜ建築家に建ててもらうことにしたのですか？

住み手　以前に坂茂が設計した家に住んでいて、とても気に入っていました。

——どのような要望がありましたか？

住み手　大きな居間、それに、ふたつの仕事部屋と寝室を頼みました。

——この家の構想段階におけるキーワードは何でしたか？

住み手　敷地は通りの突きあたりにあり、その区画の裏手には羽根木公園が広がっています。建築家は、前の通りと裏の公園の景色をフレームで切りとるように見て、そこを横断するように居間をつくることを提案してくれました。それから自分の学生たちに他の部屋の配置をどうするかについて考えさせ、模型によっていくつかの案を出させたのです。

建築家　「眺め」ですね。

——この家のなかで日本の伝統的な家屋を思い起こさせるのはどのような要素ですか？

住み手　それを感じるのは靴を脱がなくてはならない玄関と、それから浴室ですね。浴槽の外の土間でシャワーを浴びて身体を洗い、湯船に入ってゆっくりくつろぐのです。

建築家　伝統的な日本家屋では、境界は周囲の壁によって決められるのではなく、連続して伸びていく面に視線がぶつかるところが境界となります。たとえば、垣根、周囲の樹木の葉叢、山などがそうです。この家では、すっと伸びていく眺望によって生活空間が森の中にまで延長されます。家の前の通りの側は、横長の窓によって開口部がふたつに分かれているので、眺望が前の通りと空のふたつの面によってフレーミングされています。

——家と周囲の環境との関係（景観、光、音、プライバシーなど）はどのように考えましたか？

住み手　居間の窓から公園の緑を見ることができます。

建築家　敷地は小高い丘の上の、通りの直角の曲がり角にあります。このあたりの区画にはすでに建物が建っていて、家を立てる前のこの敷地は通りから羽根木公園を見るための窓のようでした。丘からの公園の眺めを保つことが重要だと思われました。公園の眺めは、森のなかに住んでいるかのような感覚を与えられます。逆に、通りに面した眺めからは、人が増え、この地区が住宅街になっていく様子がわかります。このふたつの風景を明確に区分するには、それぞれ異なるフレーミングが必要だったのです。通りに面している側には、通りと森とのコントラストをやわらげる、湾曲の窓枠が用意されました。公園に面している側には、角張った窓枠を用意し、家の壁に森がコラージュされているようにしました。こうすることで、客間は、通りの生活と森の生活というふたつの平行する次元の橋渡しとして、日常的なものと非日常的なものとを結ぶ不思議な通り道のようになったのです。

——日本文化はしばしば自然や季節との調和を重んじてきました。この家ではそうした関係性をどのように体験できますか？

住み手　一年中、この家は周囲の自然に目を向けさせてくれます。冬は窓を閉めますが、斜めに射す陽の光は南に向いている家の中に広がります。春と秋には、間仕切りが開かれて、客間はほとんど外の空間になります。夏は窓を開けていますが、蚊が入ってきます。

——この家はあなたの生活習慣を変えましたか？　あなたの好きな場所はどこですか？

住み手　はい、以前よりも自宅で多くの時間を過ごすようになり、より多くの人を家に招くようになりました。お気に入りの場所は居間です。

# 駒沢の住宅
## Maison à Komazawa

長谷川豪(長谷川豪建築設計事務所)
Go HASEGAWA & Associates

─── なぜ建築家に建ててもらうことにしたのですか?

住み手　規格化したモデルではなく、個性的な図面の家を望んでいました。同様に家を念入りにつくり上げていく過程にも関心を持っていました。長谷川さんは、同じ大学を出た共通の友人に紹介されました。彼は土地探しも手伝ってくれました。

─── どのような要望がありましたか?

住み手　リビングの大きな空間です。この部屋でモンゴル音楽のコンサートを催したりもしました。明るくてとても日当たりの良い家です。

建築家　施主は、以前、とても日当たりがよく、風通しのよい最上階のアパートに住んでいました。敷地は狭かったのですが、彼らはそのアパートと同じくらいの快適な環境を望んでいました。家族3人のための小さな家ですが、開放的で流動的な空間をつくろうと考えました。

─── この家の構想段階におけるキーワードは何でしたか?

住み手　外部に開かれた大きな窓、それから、加工していない天然素材を使うことです。

建築家　私は戦後日本の「家」の原型(アーキタイプ)を再解釈しようと考えました。この家はありふれた切妻屋根の形をしていて、高さも近隣の家とほとんど同じです。新しさは形ではなく、屋根や外壁の素材の選択、窓の大きさや位置、1階と2階の関係性、2階の床をどうつくるかなど一つひとつの選択のなかにあります。

─── この家のなかで日本の伝統的な家屋を思い起こさせるのはどのような要素ですか?

住み手　木造であることと、ゆるい仕切りのある濃い茶色の大広間です。大広間の石の床は、完全に屋内でも完全に屋外でもなく、その双方であるような仕立てになっています。あとは全開放できる大窓もそうですね。

建築家　この家の大きな特徴のひとつは、ルーバー状になった2階の床板です。伝統的な日本建築には、格子窓、「すだれ」と呼ばれる木の日よけ、そのほか

にも外からの直接的な視線を遮る方法がたくさんあります。外部と内部をやわらかくつなげる知恵です。

———家と周囲の環境との関係（景観、光、音、プライバシーなど）はどのように考えましたか？

住み手　窓からは光が射し込んできます。大きな窓なのに、家のなかでは安らぎとプライバシーが確保されています。

建築家　敷地の東側には、梅林があります。それを「借景」として取り入れようと考えました。そのためには大きな窓を開ける必要があったのですが、通行人の視線を避けるため、窓は地面から1.65mの高さに設けました。風通しをよくし、1階に自然光を入れるために、屋根に大きな天窓をつけ、2階の床をルーバー状にしています。

———日本文化はしばしば自然や季節との調和を重んじてきました。この家ではそうした関係性をどのように体験できますか？

住み手　冬は床暖房と温水が循環するセントラル・ヒーティングのおかげで家のなかはとても暖かいです（実際には暖かいのはリビングです。2階は1階よりも寒いですね）。春になると、窓をすべて開けられるのがいいですね。夏には虫の鳴き声が聞こえ、適当な温度で、風通しもよく、近所の樹々を眺めていられるのがいいですね。

建築家　ルーバー状の床のおかげで、家は年中風通しがいいです。窓や天窓にはカーテンや遮光パネルを設けており、それらの開閉によって室内の雰囲気がガラッと変わります。住人が自分の欲求と必要に応じて適切に家を開閉して調整できることが日本文化のよいところだと思います。

———この家はあなたの生活習慣を変えましたか？　あなたの好きな場所はどこですか？

住み手　はい。自宅で朝目覚めると喜びを感じます。テレビをあまり見なくなって、よく出かけるようになりました。好きな場所ですか？　浴室です。大きな窓があるからです。でも、プライバシーはちゃんと守られています。あとは階段の踊り場ですね。大きな窓があって景色が見られます（夫）。客間と大きな肘掛け椅子です（妻）。家と同じ年の犬は玄関のガラス戸がお気に入りです。

# 切通しの家
## Maison tranchée

菅原大輔 (SUGAWARADAISUKE)
SUGAWARADAISUKE

——なぜ建築家に建ててもらうことにしたのですか。

住み手　建設会社に勤める幼なじみの友人に菅原さんを紹介されました。その友人は、わたしたちの希望に彼自身は完全には応えることができないと思ったので、土地を見つけて、菅原さんの設計にしたがって家を建てました。ハウスメーカーのカタログから選ぶ住宅は嫌でしたし、朽ちていくというよりも、古くなって味がでてくるような家が欲しかったのです。

——どのような要望がありましたか？

住み手　家族みなが集まる広い共有スペースが欲しかったのと、野原が見渡せて、音楽をかけられることが希望でした。

建築家　彼らが望んだのは、家族中心の生活、周辺の自然を楽しむこと、プライバシーが守られたまま自然光や屋外が経験できることでした。

——この家の構想段階におけるキーワードは何でしたか？

住み手　「シャープ」な現代的なデザインです（夫）。すこし古めの味のあるものがあること（妻）。

建築家　自然の風景（北側）と町の人工的な風景（南側）との融合です。

——この家のなかで日本の伝統的な家屋を思い起こさせるのはどのような要素ですか？

住み手　素材（木と塗壁材）です。

建築家　幾何学的な形状はかなり現代的ですが、内部空間と外部空間の関係は伝統的です。動物が暮らす穴のようになっています。

——家と周囲の環境との関係（景観、光、音、プライバシーなど）はどのように考えましたか？

建築家　家は、新興都市と田んぼが広がる土地との境に位置しています。町側にある通りからは、この家は単なる箱にしか見えません。幾何学的な形状ですが、内部はもっと有機的で自然を思い起こさせてくれるものです。通りからは家の内部を隠しつつ、同時に光や風を室内にとりいれやすいような立体的なフォルムになっています。私は形だけでなく温熱環境においても、モダンと伝統を組み合わせようとたえず努めています。このような形の空間（北向きの大きなガラス窓）をつくることで申し分のない自然採光が可能となっていますし、（切り通しによって）風が通るので可能なかぎりエアコンの使用は避けられます。とても寒い日や暑い日のためにエアコンは設置してますけどね。断熱はきちんとしていますので、あとは服を着たり脱いだりして調整してもらえればいいのです。

——日本文化はしばしば自然や季節との調和を重んじてきました。この家ではそうした関係性をどのように体験できますか？

住み手　カーテンなしで野原を見渡せます。北向きではありますが、光は両側から入ってきますし、（南側の）通りからの視線からは守られています。冬には窓を閉め、床暖房を入れます。夏はすべての窓を開けて、エアコンはめったに使いません。冬は田んぼを焼いたにおいがします。空がきれいなので星が見えます。春には動物や鳥の鳴き声が聞こえます、ナイチンゲールとか。夏にはすべてを開けっぱなしにしますね。日射しからは守られていますが風が感じられます。秋には、田んぼや木々の色の変化を楽しみます。

——この家はあなたの生活習慣を変えましたか？　あなたの好きな場所はどこですか？

住み手　はい。わたしたちはよくテラスを使います。そこでくつろいだり、食事したり、あらゆる活動を行っています。共有スペースがわたしたちのお気に入りの場所です。そこに家族みなが集まるからです。

今の家

# 材木座の家
## Maison à Zaimokuza

柳澤潤（コンテンポラリーズ）
CONTEMPORARIES

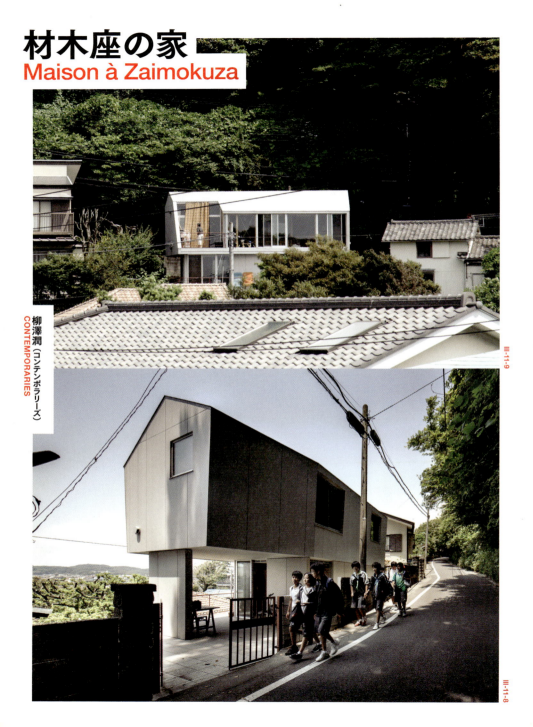

―――なぜ建築家に建ててもらうことにしたのですか。

住み手/建築家　ここの建築家は私自身ですから。問いはむしろ、なぜ今ある家を壊すべきか、でした。父が亡くなったとき、母にとって、父がつくった家――ここで彼らは人生の大部分をともに生きたのですが――に留まり続けることは難しかったのです。彼女が前を向いて進めるよう家を変えること、新しい家を構想するほうがよかったのです。そこで、父の家を設計した建築家に会い、その家を解体して新しい家を建てたい旨を説明したのです。もちろん彼は理解を示し、了解してくれました。

―――どのような要望がありましたか？

住み手/建築家　家の裏手には、学生たちがみな通学のときに通る、市立中学への坂道があります。彼らが通学途中に海を見られるように、道から海が見える開口部をつくってあげたかった。

―――この家の構想段階におけるキーワードは何でしたか？

住み手/建築家　多様な要素を取り込みながらこの家を構想することが重要でした。つまり、多くの軸や線、それから景色、自然、この土地の歴史や時間の流れ方をみせてくれる開口部などの要素です。敷地、眺望、海、そのほかの周囲の軸に沿って、家を構成する線は引かれました。

―――この家の中で日本の伝統的な家屋を思い起こさせるのはどのような要素ですか？

住み手/建築家　伊東豊雄氏のもとで働いていた時代、あるいは坂本一成氏のもとで勉強していたころ、わたしは彼らから歴史や伝統に関する知識を学びました。この家には、そこから着想を得た要素がこれといってあるわけではありません。むしろ、この家が置かれた条件に自然と合わせるかたちでさまざまな要素を混ぜ合わせたのです。例えば、家の構造は用途によって決められたのです。柱が海への景観の妨げになるようなら、位置を変えるといった具合に。

―――家と周囲の環境との関係（景観、光、音、プライバシーなど）はどのように考えましたか？

住み手/建築家　2階からの眺望ですが、2階は外からは見られることがなく、周囲を望めるよう開かれています。そのようなバランスを私たちは求めていました。家の大きさは、最もよく土地に順応しながら最良の眺めを得られるように計算されました。1階は通りから見るとかなり広く開かれています（貫通しているという言うべきでしょう）。しかし、リビングの階と寝室の階のほうは、外からの視線から守られています。それでいて、ゆったりとした開口部があるので、この界隈の眺めを見たり、周囲の音や匂いを感じたりできるのです。

―――日本文化はしばしば自然や季節との調和を重んじてきました。この家ではそうした関係性をどのように体験できますか？

住み手/建築家　冬、上の階の居間は暖房がきいて暖かいですし、よく断熱されています。しかし、1階は寒いですね。反対に、夏は1階のほうが快適で涼しくなります。季節との調和に関して言えば、光、眺望、温度に応じて家のなかのどの場所を使うかが変わります。風景がずいぶんと変わりますから、季節の移ろいを目にするのも好きです。

―――この家はあなたの生活習慣を変えましたか？　あなたの好きな場所はどこですか？

住み手/建築家　週末、家で娘と過ごすのが好きです。家を設計していたころに妻が身ごもったので、家も娘も同じときに生まれたのです！　好きな場所は季節によって変わります。

III-11-5

III-11-4

# リポジトリ
## Réceptacle

五十嵐淳（五十嵐淳建築設計）
Jun IGARASHI Architects

——なぜ建築家に建ててもらうことにしたのですか。

住み手　わたしたちは、カタログから選ぶハウスメーカーの家とは違う、個性的な家を望んでいました。わたしは建築にも興味があり、夫婦で五十嵐さんの家がとても好きでした。彼が設計する家は気候によく合ったものでありながら、日常生活を特別なものにする空間です。

——どのような要望がありましたか？

住み手　平屋が希望でした。建物が建てられない田畑の広がる周囲の平らな風景にマッチするからです。2台の車のためのガレージと子どもたちが成長したときに合わせられる場所が必要でした。

——この家の構想段階におけるキーワードは何でしたか？

住み手　とても開放的な家、多くの収納スペース。そして冬でも暖かいことです。

建築家　私の場合、建物より先にコンセプトがあるということはありません。後から考えたとき、バッファ空間（緩衝空間）という概念が浮かんできました。

——この家のなかで日本の伝統的な家屋を思い起こさせるのはどのような要素ですか？

住み手　内と外の橋渡しの役割を担っている玄関です。自然光は柔らかく、光が建物の中にやさしく射し込んできます。

建築家　わたしは国内建築にかぎらず、あらゆる建築から影響を受けています。伝統的な建築では、生活の場としての「縁側」が重要です。

——家と周囲の環境との関係（景観、光、音、プライバシーなど）はどのように考えましたか？

住み手　激しい気温差（冬にはマイナス30℃まで下がり、夏は30℃まで上がる）に対してとてもよく断熱されています。窓は小さく、低放射ガラス（Low-Eガラス）の二重窓で、窓枠にはポリ塩化ビニルが用いられています。灯油式床暖房以外に暖房器具はありません。冬は室内温度が20℃になります。夏は、すべての窓を開けます。

建築家　人間の欲望にはかぎりがありません。室内空間の可能性も同じです。どの建築家もそれぞれ最良の仕方で、それに応える自由をもっています。私の場合、内部空間と外部世界のあいだの関係に、つまり、

III-12-8　　　　　　　　　　　　　　　　　　　　III-12-1

バッファ空間がもたらす可能性に興味があるのです。日本には「縁側」がありますが、世界中に、とりわけ東南アジアに同様の空間があるのです。とても快適で、大仰な言い方をすれば、普遍的な生活の場だといえます。

─────日本文化はしばしば自然や季節との調和を重んじてきました。この家ではそうした関係性をどのように体験できますか？

住み手　冬になると、この家は白のなかの白になります。窓からはすべてが白く見え、光は雪に反射しながら入ってきます。音もない静けさのなかで、家は揺るぎなく閉じていて、私たちを守ってくれるのです。春には耕された畑の土の匂いがします。夏になると、家の白さが、畑の緑と大きなコントラストを生み出します。家はとても開放的になります。部屋の窓も大きなカーテンも開けるのです。それから、心地よい光が天窓から降り注ぎます。カエルや虫の鳴き声も聞こえてきます。秋には、刈られた草のにおいが感じられます。

建築家　南北に長く伸びている日本にはさまざまな自然環境があります。ですから、自然との調和について一般論を言うことはできません。北海道の場合、自然環境から身を守ることが重要です。この家に関していえば、バッファ空間を用いることで、周囲の自然との距離をつくり出すのです。

─────この家はあなたの生活習慣を変えましたか？　あなたの好きな場所はどこですか？

住み手　はい。以前はどちらかといえば暗いマンションに住んでいました。今はカーテンがないので、陽の光で早めに目が覚めます。使い方の自由は本当にたくさんあります。子どもたちは家のなかで遊ぶことが多くなりました。例えば、部屋から部屋へ紙飛行機を投げたりしています。それから、テラスにジャグジーバスを取りつけて、星を見ながらお風呂に入ることもできます。冬には雪かきがすこし厄介ですが、駐車場までのアクセスは簡単です。お気に入りの場所はキッチンですね。窓から外を眺められるからです（妻）。ロッキングチェアのある部屋と居間のソファです（夫）。

III-12-3

今の家

リポジトリ

# 鎌倉の家
## Maison à Kamakura

みかんぐみ
MIKAN

─── なぜ建築家に建ててもらうことにしたのですか？

住み手　ハウスメーカーの家ではなく、オーダーメイドの家が欲しいと思っていました。その方が気持ち良く生活できると考えたからです。

─── どのような要望がありましたか？

住み手　新しい生活を送るために東京を離れて、快適な環境に、とくにサーフィンのできる海の近くに住みたいと思っていました。私にはたくさんの収納と、仕事場兼作品の展示場所が必要でした。

建築家　施主は非常にかぎられた予算のなかで、可能なかぎり大きい家を希望していました。アトリエとして使ったり、ジュエリーを展示するギャラリーとして使ったり、友人たちをパーティーに招待できたりする家です。

─── この家の構想段階におけるキーワードは何でしたか？

住み手　開放的な家です。カーテンで仕切られている私の寝室を除くと、仕切りがなくてどの場所にも直接行けます。外観は家のなかに比べると閉ざされたものになっています。内側と外側のコントラストを理解したのは後になってのことです。

建築家　外観はミニマルな小さい箱のようですが、なかに入ると暖かくて大きな空間が広がっていて驚くはずです。

─── この家のなかで日本の伝統的な家屋を思い起こさせるのはどのような要素ですか？

住み手　とくにありません。

建築家　伝統的な家屋との関係についてまったく考えてもいませんでしたが、外壁のモルタル仕上げ（田舎風にするために2階部分は木ゴテで、目にやさしい印象を与えるため玄関は金ゴテで仕上げました）と、骨組みをむき出しにして加工していない木材を内装に使ったのは、日本の風土に負うものです。飛び石のように砂利のなかにセメントパネルを置いたのも、伝統的な日本庭園の石を思い起こさせます。

─── 家と周囲の環境との関係（景観、光、音、プライバシーなど）はどのように考えましたか？

建築家　窓を配置するにあたり、眺望と日当たりを考慮しました。家には表と裏のふたつの面あります。道

路側からはとても閉鎖的に見えます（その上、施主は玄関口に住所をのせないことにこだわりました。同様の意識から、わたしたちも郵便受けを隠しました）。西側の家の裏手は、4m以上の駐車場を見下ろしているのでプライバシーは守られていますが、富士山をのぞむ広いテラスにむけて開かれています。眺望、光、そして風がうまく活用された家です。どちらかといえば夏向きの家だといえるでしょう。空気が自然によく通るように、色々な場所に窓をつくろうと計画しました。冬には南向きにつけた採光窓が光と暖かさを入れてくれます。西側のテラス側には、すだれがあるので午後の強い日差しを避けることができます。

─── 日本文化はしばしば自然や季節との調和を重んじてきました。この家ではそうした関係性をどのように体験できますか？

住み手　景観ですね。最初、この家は東京から来た私にとっては静かすぎましたが、慣れてしまいました。仕事にとても集中できます。また鳥の声も聞こえます。冬には富士山がよく見え、私の寝室と仕事机から見える眺めはとくに美しいです。春には近くの木々が緑になり、夏には家のなかやテラスでパーティーやバーベキューを企画します。夏もパーティーも終ってしまうので悲しいですね。夏には家は暑くなりますが、1階のモルタル部分は裸足でいるとひんやりします。2階の窓を開けると暑さや光を調整することができますが、エアコンをつけることもあります。冬もエアコンをつけますが、スリッパもはきます。

─── この家はあなたの生活習慣を変えましたか？　あなたの好きな場所はどこですか？

住み手　はい。この家は、私が集中して仕事に取り組めるような閉ざされた場所であると同時に、パーティーのときには他の人たちに心配りのできる開かれた場所でもあります。好きな場所は浴室ですね。1日2回入浴します。朝は40分間、夜はもっと短時間ですが。浴槽で身体を休めるのです。日の入りを眺めることのできるテラスや寝室も好きですね。

Ⅲ-13-6

Ⅲ-13-7

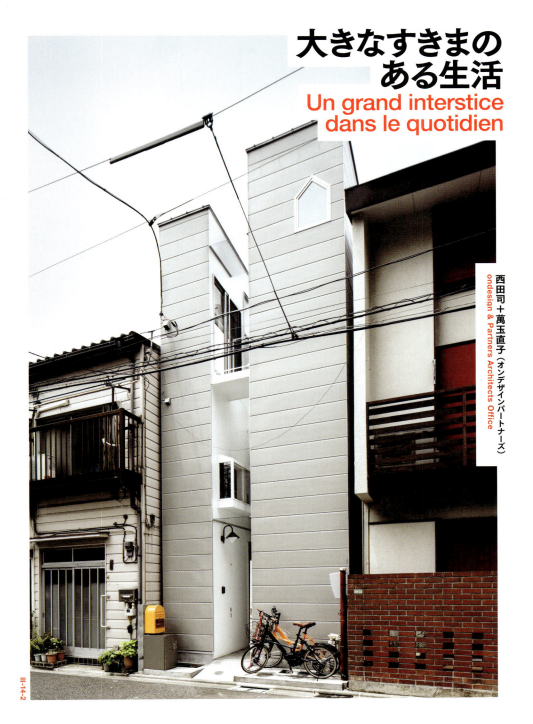

# 大きなすきまの
# ある生活
## Un grand interstice dans le quotidien

西田司＋萬玉直子（オンデザインパートナーズ）
ondesign & Partners Architects Office

―――なぜ建築家に建ててもらうことにしたのですか？

住み手　幼いころからユニークな家に住むのが夢でした。

―――どのような要望がありましたか？

住み手　光に溢れた、空間の分離されていない家を望みました。大きなひとつの空間のなかで生活する感覚を得たいと思っていました。居間、台所、ダイニング、寝室、大きな浴槽のある浴室が欲しかったのと、階段や窓など特に猫専用の空間もつくらなくてはなりませんでした。

建築家　小さくても、都市の状況がわかるような場所です。

―――この家の構想段階におけるキーワードは何でしたか？

住み手　光です。

建築家　開放感。それから、クリエイティブな場所としての小さな空間です。

―――この家のなかで日本の伝統的な家屋を思い起こさせるのはどのような要素ですか？

住み手　この家は東京の下町である根津の形態に着想を得ています。この家がある地区です。根津には「路地」がたくさんあって、それが家同士を分けているのです。それと類似したかたちをこの区画のなかで再現してみたいと考えました。

建築家　日本の古い町の多くに存在している「路地」が、この家のプロジェクトでは、施主にとっての庭へと変容するのです。

―――家と周囲の環境との関係（景観、光、音、プライバシーなど）はどのように考えましたか？

住み手　この家は、周囲の環境を感じさせてくれますし、周辺の音も聞かせてくれます。一番大事なのは、都会のただなかの特異な空間にいるという感覚です。

建築家　根津は古くからの密集した住宅地で、日々、家が建てられて路地がなくなっています。家のなかにすきまをつくり出すことで、路地という外部空間を設計の核に採り入れることにしました。このようなすきまは、ときに不便に感じられるかもしれませんが、季節や天気（雪、雨、風、陽光）、外気などを感じることができます。こうして、すきまは住人の生活様式を構成することになるのです。

―――日本文化はしばしば自然や季節との調和を重んじてきました。この家ではそうした関係性をどのように体験できますか？

住み手　一年中、この家では自然を感じ季節を楽しむことができます。冬は最上階のリビングの日当たりがよいので暖かく感じられます。バルコニーに積もった雪は、ビールを良く冷えた状態に保ってくれます。春と秋には、窓を開けていると一日中、心地良いそよ風が入ってきます。反対に、玄関は猫が外に出ないよう、注意して閉めておかなくてはいけません。また家の前には桜の木があり、春になると花見ができます。には、1階のキッチンのある場所が涼しいですね。

―――この家はあなたの生活習慣を変えましたか？　あなたの好きな場所はどこですか？

住み手　そうですね、自分の家でより長い時間を過ごすようになりました。以前のワンルームマンションと比較すると、この家は猫にとって本当の楽園になりました。建築家のチームとたくさんやりとりをしたおかげで、ここに移ってきたとき、想定外のことはありませんでした。すべてが自然で、正常で、快適で心地よいです。室温が快適なので、冬は居間が、夏は台所がお気に入りの場所です。

# バウンダリー・ハウス
# Maison limite

山下保博（アトリエ・天工人）
Atelier Tekuto

─── なぜ建築家に建ててもらうことにしたのですか？

住み手　私たちは家を建て直そうとしていたのですが、ちょうどその時期に、山下さんがあるテレビ番組に出演していて、キース・ジャレットの「ザ・ケルン・コンサート」について語っていました。私は夫にそのことを話し、ジャズへの関心が共通していることから彼を選ぶことに決めました。しかも夫は、私の家の姓を継ぐまでは山下という苗字だったのです。この偶然にも感激しました。

─── どのような要望がありましたか？

住み手　前の家は生活しにくかったのです。段差がたくさんあり、階段は急で古くなっていました。そのため私たちは平屋を望みました。夫はまた、自分の本を収納する棚を欲しがっていました。それ以外にとくに変わった家を欲していたわけではなく、山下さんにすべておまかせしました。

建築家　おふたりは私の空間についての考え方に関心を持ち、新しい家を望んでいました。

─── この家の構想段階におけるキーワードは何でしたか？

住み手　敷地が梨園と住宅地のあいだにあることです。

建築家　20世紀の建築が失ってきたものがふたつあります。ひとつは「地域の固有性」や歴史的文脈、もうひとつは「自然に対しての寄り添い方」です。

─── この家のなかで、日本の伝統的な家屋を思い起こさせるのはどのような要素ですか？

住み手　外観と同様、屋内にも木を使用しています。そのため、軒下に暮らしているような、あるいは縁側のようなふたつの空間の中間領域に住んでいるような印象が得られます。

建築家　伝統的なものもそうでないものも含めて、おもなコンセプトは4つあります。迷路のような小道、トップライト（全部で16個）、家のなかにも外にも同じ植栽を置くこと、（焼杉の板材、柿渋染、テラゾーなど）伝統的な材料や手法を用いることです。

———家と周囲の環境との関係（景観、光、音、プライバシーなど）はどのように考えましたか？

**建築家**　ありふれた表現ではありますが、私は、内部と外部が流動的に続いて延びているような中間的な空間、自然とつながっている空間をつくろうとしました。そこで私はひとつの大きな屋根、ひとつの覆い、あるいは原初的な小屋のようなものをデザインしたのです。日本では、自然は畏怖の対象です。人びとは自然を味方につけようとしてきましたが、その伝統は20世紀には失われてしまいました。この家では、新たに自然を感じ取ることができます。光を見、寒さや暑さを感じるのです。

———日本文化はしばしば自然や季節との調和を重んじてきました。この家ではそうした関係性をどのように体験できますか？

**住み手**　私たちは一年中、自然と通じ合っていて、決して飽きることはありません。焼杉の外壁面が古びてきたことで、家はより周囲の環境に溶け込んでいます。冬にはテラスのガラス（天窓）の上に積もる雪を見ることができます。夜にトイレへ立つときには、月の光が廊下を照らしてもくれます。夏にはカマキリや小鳥が頭上のテラスの天窓に水を求めてやってきました。一度はカラスが来たこともありました。秋には中庭に梨の枯葉が落ちてくるのが見えます。おおよそどんな季節でも、天井のガラスから雲や太陽の動き、夜には星を見ることができます。

———この家はあなたの生活習慣を変えましたか？　あなたの好きな場所はどこですか？

**住み手**　自分自身のことをよく知り、また周囲のこともよりよく理解できるようになったと感じます。外部と内部がシームレスであるために、あらゆるものがすべての人と関係をもつのです。またこの家は、同じ土地にあって面積も変わらないにもかかわらず、以前の家と比べてはるかに広く感じられます。私たちの好きな場所ですか？　私は書斎でしょうか。自分の本に囲まれているからです（夫）。犬たちが自由にくつろいでいる中央の中庭、それから屋上のテラスですね。孫がビニールプールで水遊びをするので（妻）。

# デッキの家
## Maison terrasse

手塚貴晴＋手塚由比（手塚建築研究所）
TEZUKA Architects

——なぜ建築家に建ててもらうことにしたのですか？

住み手　仕事の関係で、彼らのプロジェクトに関する展覧会でお会いしました。結果的に、とてもラッキーな偶然でした。

——どのような要望がありましたか？

住み手　わたしたちは街中のマンションに住んでいて、この家には両親が暮らしていました。わたしたちは一軒家が欲しかったのですが、両親のほうはマンションを希望していました。ですから、古い家を新しく建て替えることにして住まいを交換したのです。建築家のおふたりには大きな本棚、広いテラス、開かれた広い空間と十分なスペースのある4人家族向けの良質な空間をお願いしました。

——この家の構想段階におけるキーワードは何でしたか？

住み手　建築家の方たちとは食べ物や暮らし方について話をしました……同じ年ごろの子どもを持つもの同士、共通の話題がたくさんあったのですが、とくに何かキーワードがあったわけではありません。

建築家　「塩梅」ですね。日本でもっとも好まれる漬物のひとつが梅干です。「塩梅」という言葉は、塩味と酸味の完璧なバランスを表す言葉です。設計案もまた、特徴的なポイントによってではなく、そのようなバランスによって決まるのです。

——この家のなかで日本の伝統的な家屋を思い起こさせるのはどのような要素ですか？

住み手　とくにこれといってあるわけではありませんが、家のさまざまな構成要素が全体としてよいバランスを保っています。

——家と周囲の環境との関係（景観、光、音、プライバシーなど）はどのように考えましたか？

建築家　興味深いことに、日本建築と日本の食べ物の間には対応関係があります。ヨーロッパの人から見れば、日本人は生の魚をそのまま食べていることになります。しかし、寿司を握るためには、料理人は魚をきわめて正確に切らなくてはいけません。そのために特別な包丁を使うわけです。同じように、日本の建築家は自然を「切って」、食べられるものにするために、特別なテクニックを用いなくてはいけません。

　通りからはプライバシー保護のために視界を遮っていますが、家の前にある小さな公共スペースに向けて開口部をつけました。視覚的にはこのスペースが家の一部に含まれることで、家が広く見えます。

——日本文化はしばしば自然や季節との調和を重んじてきました。この家ではそうした関係性をどのように体験できますか？

住み手　階段も含むすべての部屋に開口部があり光が感じられます。一年を通じて、家は周囲の自然を家から見ることができます。冬には葉の落ちた後の裸の木が見えますし、屋上からは富士山が見えます。ストーブにくべるため、隣の公園からは薪木を取ってきます。春になると、植物の葉が色を変え、みずみずしい緑になります。夏は、青葉が濃くなり、虫たちがやってきます！　秋は落葉があり、虫たちも姿を消すのです。

——この家はあなたの生活習慣を変えましたか？　あなたの好きな場所はどこですか？

住み手　はい。家にいて、あまり外出することがなくなりました……でも、友人たちを家に招待する機会が増え、皆が我が家に集まるようになりました！今日みたいに。好きな場所は居間と階段です。

III-16-2

III-16-4

III-16-12

# +node
+node

前田圭介（UID）

――――なぜ建築家に建ててもらうことにしたのですか？

住み手　当時、私はタイで仕事をしていました。家を建てるために土地と建築家を探していたのです。気に入った家を見つけたので、その家を設計した前田さんに電話をしたのです。それから彼と一緒に土地を探しました。

――――どのような要望がありましたか？

住み手　壁のないひとつの大きな部屋だけの、別荘を思わせるようなシンプルな家です。常に空間全体を使えるようにしたいと考えていました。私は屋根つきの車庫を希望しました（夫）。私は広い台所です（妻）。

建築家　施主は、わたしが設計した注文住宅のひとつを見てくれていました。この作品と自然との関係が、彼らの関心を引いたのです。

――――この家の構想段階で使われたキーワードは何でしたか？

住み手　シンプルで、開放的な、風が通るのを感じられる家です。

建築家　外部とのさまざまな関係性をもたらしてくれる広々として静穏な部屋、構造的な無駄を省くこと、施主の幸せです。

――――この家のなかで、日本の伝統的な家屋を思い起こさせるのはどのような要素ですか？

建築家　学生だったころ、外国の多くの建築を見に行ったのですが、帰国したとき、自分の国の伝統建築について知らないことを痛感しました。そのため5年間、勉強のために工務店で現場監督を務めることにしました。自国の文化を知ったうえで、現代的なものをデザインしたいと考えていました。この家に関して言えば木材とそれが時間の経過とともに古くなっていくこと、それから宙に浮かぶ縁側のような端の空間です。

――――家と周囲の環境との関係（景観、光、音、プライバシーなど）はどのように考えましたか？

建築家　私にとって、古くなった材料は時間の経過を喚起するものです。建築、それはコンテクストです。抽象的な自然ではなく、むしろ具体的な感覚なのです。

――――日本文化はしばしば自然や季節との調和を重んじてきました。この家ではそうした関係性をどのように体験できますか？

住み手　冬は、木々の葉が落ちるので、鳥が枝にとまって種を食べているのが見えます。光と熱は窓ガラスを通して入ってきます。春にはすべてが鮮やかな緑になり、たくさんの鳥たちが集まります。そして下にある竹林の中までタケノコを探しに行きます。夏は網戸のついた窓をすべて開けておくのです。そうすると風が入ってきて、虫たちの歌が聞こえてきます。秋になると、だんだん冬が近づくにつれて葉が落ちていきます。そして家の向かいの丘は真っ赤に染まり、とても美しいです。

建築家　この家はしっかり断熱されています。夏はルーバー窓がたくさんあるので、それを開けると風が入ってきます。

――――この家はあなたの生活習慣を変えましたか？　あなたの好きな場所はどこですか？

住み手　数年間マンションに住んでいて、そのころはよく外出していました。そのマンションでの暮らしは楽しいものではなかったのです。今では家にいることが好きです。ゆっくり時間をかけて朝食をとるのを楽しんでいます。以前よりも季節や時間の移ろいを楽しんでいます（夫）。

　好きな場所ですか？　私が好きなのは階段の下から上の部屋を眺めることで、というのも家の他の場所とは違って高さの感覚をおぼえるからです。それから独立している自分の書斎も好きです（夫）。私は端のガラス窓を眺めながらダイニングテーブルに座っているのが好きです。それは一番素敵な眺めで、リラックスさせてくれます（妻）。

Ⅲ-7-11

Ⅲ-17-7

Ⅲ-17-2

Ⅲ-17-9

今の家

III-7-3

III-7-9

III-7-8

III-7-10

+node

# 光の郭
## Contour de lumière

川本敦史＋川本まゆみ（エムエースタイル建築計画）
mA-style architects

───なぜ建築家に建ててもらうことにしたのですか？

住み手　当時すでに6回引越しをしていて、さまざまな生活スタイルを経験していました。引越しにはうんざりしていたので、家を購入することを考えました。ハウスメーカーの家を見に行きましたが、あまりしっくりこなかったので、建築家にお願いすることにしました。私自身、高校で建築を教えているので、建築家がどのように私たちの要望に応えてくれるか興味があったのです。

───どのような要望がありましたか？

住み手　家のなかに家族がいると感じられる家を望んでいました。それまで住んだことのあった家はたいてい2階建てで、1階は日当たりがあまり良くなかったのです。新しい家には2階をつくりたくありませんでした。それぞれが眠ったり用事を済ませたりするのに、階段を上って自分の部屋に閉じこもってしまうからです。日当たりのよい平屋がよかったのです。それから、プライバシーは守られていながらも、窓にはカーテンをつけないようにしたかったのです。

建築家　皆それぞれが家族の存在を感じることができるような、とても明るい家をお望みでした。

───この家の構想段階で使われたキーワードは何でしたか？

住み手　とくにありません。

建築家　正方形の図面を引き、そこにコンパクトで無駄を省いた、均整の取れた空間をつくること。光が自由に戯れる空間ですね。

───この家のなかで、日本の伝統的な家屋を思い起こさせるのはどのような要素ですか？

住み手　くつろげる畳の部屋がありますし、土間のようなスペースが外まで続いていて、一段高くなった家の中央部をとり囲んでいます。

建築家　特に伝統を表現しようとしていたわけではありませんでしたが、土間がそのような役割を果たしているのはたしかだと思います。

——— 家と周囲の環境との関係（景観、光、音、プライバシーなど）はどのように考えましたか？

建築家　3つの仕組みがあります。部屋の周りを囲って光を調節する木のルーバー、共有地である路地へと延びる土間の玄関、そしてひとつのゆるやかな空間でありながら、「箱のなかの複数の箱」によって分けられている全体の構成です。箱のなかに複数の箱を置くことで、日陰とプライベートな空間がつくられます。

——— 日本文化はしばしば自然や季節との調和を重んじてきました。この家ではそうした関係性をどのように体験できますか？

住み手　電気照明があまり好きではなく、季節の移り変わりによって変容する自然光がよいと思っています。秋冬は夜が長く、空気が澄んでいて、星や月が見えます。夏は庭から花火を見ることができます。冬には、すべてを使うわけではありませんが複数のエアコンがありますし、ストーブもあります。周りの土間スペースには床暖房も設置されています。夏も同じようにエアコンを使うことができますし、空気が流れるよう、ふたつの玄関扉を開けておくこともできます。

建築家　日本の家は自然環境と密接な関係を持っています。建築は自然を感じさせるものとして機能しさえします。この家では、光が一日の時間や季節の流れに合わせて過ぎて行く時間を示してくれます。暑さ寒さも自然現象です。この地域はかなり穏やかな気候なので、器具に頼るよりも、気候そのものをなるべく生かそうとしました。

——— この家はあなたの生活習慣を変えましたか？　あなたの好きな場所はどこですか？

住み手　はい。部屋のブロック／収納がとても実用的なので、家はとてもよく整理されています。光のおかげで朝はとても早く目が覚めますし、朝食を準備する音が子供たちを安心させ、家族をひとつにしてくれます。好きな場所ですか？　私は土間にあるソファですね（妻）。部屋の「箱」の後ろにひっそりとある自分の仕事場です（夫）。

# 千葉の家
## Maison à Chiba

谷尻誠＋吉田愛（SUPPOSE DESIGN OFFICE）

─── なぜ建築家に建ててもらうことにしたのですか？

住み手　アメリカの建築家のジョン・ロートナーの家が大好きでした。それで建築家を探していたのです。私の会社で働いていたデザイナーの方が、谷尻さんを私たちに紹介してくれました。

─── どのような要望がありましたか？

住み手　最初、隣地に新築された場合にプライバシーを守るため家の南側の土地を購入したのです。それから、庭がやや大きすぎると感じていたので、居間、ダイニング、台所を広くするリノベーションと増築を行いました。

─── この家の構想段階で使われたキーワードは何でしたか？

住み手　新和風、つまり「新たな日本精神の様式」です。谷尻氏には、日本の家屋にきわめて特徴的な、傾斜のある大きな屋根組をつくってもらえるようにお願いしました。

─── この家のなかで、日本の伝統的な家屋を思い起こさせるのはどのような要素ですか？

住み手　大きな屋根と木目です。もとの家の石材も、玄関で使われています。庭の伝統的な側面は京都の庭師と出会ったからということが大きいですが、はじめはそのように計画されていたわけではありません。

─── 日本文化はしばしば自然や季節との調和を重んじてきました。この家ではそうした関係性をどのように体験できますか？

住み手　既存の家は築35年の古いものでしたが、私たちには心地よかったのです。リビングの床を剥がしたのを別にすれば元の平面図にほとんど手を加えませんでしたし、材料もほぼそのままにしておきましたが、増築したために物理的に景色の見える場所が変わりました。東京大学の所有地である近くの運動場の眺めを再発見して楽しんでいます。この家はまた周辺の景色のなかでひとつの目印にもなっています。春は近所の公園で桜の花が咲いているのを眺められますし、普段から、以前は気づいていなかった木々の景色も楽しむことができます。夏は引き戸を開けて風が抜けるようにしています。

─── この家はあなたの生活習慣を変えましたか？　あなたの好きな場所はどこですか？

住み手　増築して既存の部屋とつなげたので家のなかのどこを通るのかが完全に変わってしまいました。屋内で家族が皆異なる場所を通って移動しているのがわかりました。建設中の1年間、マンションで仮住まいをしたので、新鮮で生き返った気持ちになりましたね。また、家族が互いを呼び合っても、声をかける相手がどこにいるのかわからず迷ってしまうこともときどきあります。気に入っている場所は、景色が見えるのでダイニングテーブルの一番端の席です。それから、タバコを吸うときの台所の換気扇の下です（夫）。寝そべってテレビを見たり、テレビゲームをしたりできる居間のソファです（妻）。

# 窓の家
## Maison fenêtre

吉村靖孝建築設計事務所
Yasutaka YOSHIMURA Architects

——— なぜ施主は建築家に建ててもらうことにしたのですか？

<u>建築家</u>　以前、この施主のために家を設計したのですが、今度は家族から離れてひとりになれるような別荘を望まれました。美しい海の景色を自由に眺めたいとのことでした。

——— この家の構想段階で使われたキーワードは何でしたか？

<u>建築家</u>　離れなのであまり利用されることはないだろうとのことでした。ですから、そこに何をしに来るのかを知るのが重要でした。実際には、静かに考えをめぐらす場所がほしいということでした。

——— この家のなかで、日本の伝統的な家屋を思い起こさせるのはどのような要素ですか？

<u>建築家</u>　あとになって思ったことですが、この家の急な階段は蔵を思わせます。

——— 家と周囲の環境との関係（景観、光、音、プライバシーなど）はどのように考えましたか？

<u>建築家</u>　海との関係は明らかです。しかし大きな窓を開閉式にするか固定式にするかでずいぶんと悩みました。最終的には後者を選んだのです。浜辺へはすぐに降りていけるわけですし、音が聞きたいときには網戸の付いた玄関の扉を開ければよいわけですから、むしろこの場所とより観念的な関係をもつことができるよう、開閉できない固定窓にしたのです。この大きな窓は、日本庭園で用いられる借景のようなフレーミングの手法を喚起させます。

　他方で、近隣の方々に対する配慮からふたつの大きな窓は、家の両側面に向かい合うかたちでつけました。近隣の人びとは、浜辺と道の間に、こうした狭小住宅が建てられるとは予期していませんでした。持ち主がいないときは、この家を通して海を眺めることができるわけです。

　良質の断熱材と、二重になった遮熱タイプのガラス（Low-Eガラス）を用いました。また、外壁のなかに換気のための空気層を設けました。建物の形態と各階に取りつけた小さな開閉窓によって煙突効果が生じます。

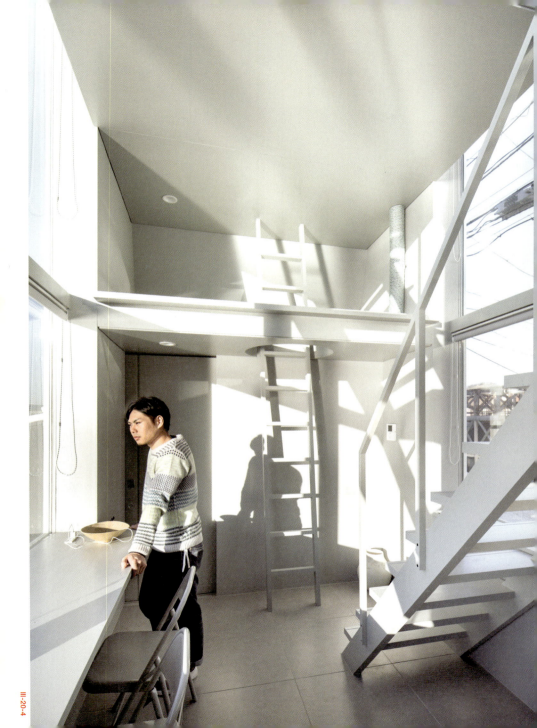

**Dig-ital #1
坂口恭平、2006年**

微妙なバランスを保ちながら高く屹立する構築物。ペンでびっしりと緻密に描きこまれたこの塔は、さまざまな建物や人工物のにぎやかな寄せ集めのようであり3次元の世界では成立しない。むしろこれは作者の坂口恭平が、都市の記憶や印象を自身の頭のなかに空間的に構築した「思考都市」であり、彼が現実の向こうに見ているものに我々は視線を重ね合わせているのであろう。タイトルの《Dig-Ital》はデジタルとも読めるが、Dig＝「掘る」とital＝ジャマイカ英語で「自然」を組み合わせた造語だそうだ。「…つまりデジタルとは自然を掘り当てる、知ることだ…」と語った行きずりの人物の謎いた言葉に由来している。

　坂口恭平は大学では建築学科に所属し、建築家の石山修武に師事した後、ドローイングのほか、映像、執筆、パフォーマンス、設計といった多彩な表現方法で既成概念を超える作品を発表している。代表作の《モバイルハウス》は地価の高い都会で家を持てるひとと持てないひとの不公平があることに疑問を感じ、路上生活者の家にヒントを得て制作した、ローンも家賃も税金もゼロで資金最小限という、大胆な発想による原寸大の可動式住居である。

## 伊豆高原の家

| | |
|---|---|
| III-1-3 | 玄関アプローチ |
| III-1-5 | 居間内観 |
| III-1-2 | 階段 |
| III-1-1 | 南東側外観 |
| III-1-8 | 1階寝室 |

## 昭島のハウス

| | |
|---|---|
| III-2-5 | 南側外観 |
| III-2-1 | 西側外観 |
| III-2-4 | 階段室 |
| III-2-7 | 書斎内観 |
| III-2-9 | 台所およびダイニングルーム内観 |
| III-2-8 | 寝室内観 |
| III-2-6 | 1階ピアノ室 |

## ハウス&アトリエ・ワン

| | |
|---|---|
| III-3-6 | 北側外観 |
| III-3-2 | 左に居間と右に階段室 |
| III-3-9 | 1階、2階アトリエ |
| III-3-10 | 1階アトリエ |
| III-3-8 | 1階アトリエ |
| III-3-4 | 居間 |
| III-3-1 | 屋上 |
| III-3-3 | テラス |
| III-3-5 | アプローチから南西側外観を見る |

## HOUSE kn

| | |
|---|---|
| III-4-9 | 南側外観 |
| III-4-4 | 中庭から南側ファサードを見る |
| III-4-3 | 中庭からテラスを見あげる |
| III-4-8 | 1階内観 |
| III-4-6 | 台所およびダイニングルーム |
| III-4-1 | 中庭 |
| III-4-5 | 2階テラス |
| III-4-参 | 2階居間 |
| III-4-2 | 玄関アプローチ |

## カタ邸

| | |
|---|---|
| III-5-2 | 西側外観 |
| III-5-7 | 玄関、1階、2階をつなぐ階段 |
| III-5-5 | 居間よりダイニングルームを見下ろす |
| III-5-9 | 2階寝室 |
| III-5-1 | ダイニングルームより居間を見上げる |
| III-5-8 | 台所 |
| III-5-6 | 居間 |
| III-5-3 | 2階階段室本棚 |

## 鉄の家

| | |
|---|---|
| III-6-5 | 坂の下から南東側を見上げる |
| III-6-3 | ガレージ |
| III-6-7 | 茶室 |
| III-6-11 | ダイニングルーム |
| III-6-4 | 玄関から茶室を見る |
| III-6-10 | 居間 |
| III-6-12 | ダイニングルーム |
| III-6-9 | ダイニングルームのコレクション棚 |
| III-6-1 | 東側外観 |

## O邸

| | |
|---|---|
| III-7-1 | 北側外観、夜 |
| III-7-10 | 2階の子供部屋から1階を見下ろす |
| III-7-6 | 台所 |
| III-7-4 | 北側外観 |
| III-7-5 | ホールを見下ろす |
| III-7-9 | 勝手口 |
| III-7-8 | ホール |
| III-7-2 | 西側からの鳥瞰 |
| III-7-3 | 北側からの外観 |

## 羽根木公園の家 – 景色の道

| | |
|---|---|
| III-8-8 | 東側外観 |
| III-8-4 | ダイニングルーム越しに道路を見る |
| III-8-5 | 台所と窓 |
| III-8-9 | 居間の大窓 |
| III-8-2 | アトリエ |

## 駒沢の住宅

| | |
|---|---|
| III-9-2 | 東側外観 |
| III-9-7 | リビング |
| III-9-5 | 2階寝室 |
| III-9-9 | 2階書斎 |
| III-9-4 | 階段室 |
| III-9-8 | 書斎の天窓 |
| III-9-6 | リビングを見下ろす |
| III-9-3 | リビングとルーバー状の2階床 |

## 切通しの家

| | |
|---|---|
| III-10-9 | 南側ファサード |
| III-10-1 | 玄関アプローチ |
| III-10-6 | 子供部屋 |
| III-10-8 | 寝室収納と書斎デスク |
| III-10-5 | テラスから北側田園を見る |
| III-10-4 | 北側テラス |
| III-10-3 | テラス |
| III-10-2 | ダイニングルームから北側田園を見る |

## 材木座の家

| | |
|---|---|
| III-11-9 | 北西側ファサード |
| III-11-8 | 玄関のピロティ |
| III-11-2 | 台所 |
| III-11-7 | 玄関ホール |
| III-11-3 | ダイニングルーム |
| III-11-5 | 居間 |
| III-11-4 | 1階和室 |

## リポジトリ

| | |
|---|---|
| III-12-11 | 南西側外観 |
| III-12-8 | 寝室内のらせん階段から洗面室を見る |
| III-12-1 | 寝室 |
| III-12-3 | 寝室ごしに洗面室を見る |
| III-12-10 | 北東側外観 |
| III-12-4 | エントランス周り壁面 |
| III-12-9 | ダイニングルームから台所横のらせん階段を見る |
| III-12-6 | 片側のカーテンを閉めた洗面室 |
| III-12-5 | 両側のカーテンを閉めた洗面室 |

## 鎌倉の家

| | |
|---|---|
| III-13-2 | 東側外観 |
| III-13-4 | 西側外観 |
| III-13-8 | 吹き抜けから居間を見下ろす |
| III-13-3 | 居間内観 |
| III-13-5 | 寝室と窓からの眺望 |
| III-13-9 | 西側のテラス |
| III-13-6 | アトリエ |
| III-13-7 | 事務室 |

## 大きなすきまのある生活

| | |
|---|---|
| III-14-2 | 東南側外観 |
| III-14-10 | 階段室 |
| III-14-3 | 階段棟と居住棟のあいだのすきま |
| III-14-8 | 居室からの眺め |
| III-14-6 | 浴室 |
| III-14-11 | 台所とダイニングルーム |

## バウンダリー・ハウス

| | |
|---|---|
| III-15-3 | 玄関のアプローチ |
| III-15-8 | 南西側外観 |
| III-15-1 | 道路から東側角を見る |
| III-15-6 | 屋上から北側の眺め |
| III-15-4 | 屋上 |
| III-15-参 | うち庭2から隣の敷地を見る |
| III-15-5 | 居間からうち庭1を見る |
| III-15-7 | 寝室 |
| III-15-2 | うち庭2から空を見上げる |
| III-15-9 | うち庭1を見下ろす |

## デッキの家

| | |
|---|---|
| III-16-1 | 北側外観 |
| III-16-8 | 南側外観とデッキ |
| III-16-10 | 子供部屋 |
| III-16-5 | デッキから室内をのぞむ |
| III-16-9 | 書斎 |
| III-16-11 | 北側窓の前の棚と階段 |
| III-16-2 | 室内よりデッキをのぞむ |
| III-16-4 | 2階ダイニングルームと居間 |
| III-16-12 | 書斎と洗面室、風呂場 |

## ＋node

| | |
|---|---|
| III-17-1 | 西側外観を斜面下から見上げる |
| III-17-4 | 西側外観 |
| III-17-11 | 南側の窓からの眺め |
| III-17-7 | 南側外観を見上げる |
| III-17-2 | 東側外観と屋上 |
| III-17-9 | 居間 |
| III-17-3 | 台所から窓側を見る |
| III-17-参 | 浴室 |
| III-17-8 | 寝室 |
| III-17-10 | ダイニングルームと台所 |
| III-17-6 | ダイニングルーム |

## 光の郭

| | |
|---|---|
| III-18-8 | 東側外観と玄関アプローチ |
| III-18-7 | 西側外観と庭 |
| III-18-5 | 玄関土間 |
| III-18-1 | 暮らしを包む光の郭 |
| III-18-2 | 書斎 |
| III-18-4 | 庭へと通り抜けられる玄関土間 |

## 千葉の家

| | |
|---|---|
| III-19-9 | 玄関アプローチ |
| III-19-8 | ダイニングルーム |
| III-19-4 | 居間吹き抜け |
| III-19-参 | 階段室 |
| III-19-2 | 2階寝室 |
| III-19-3 | 玄関室内観 |
| III-19-7 | ダイニングルーム越しに庭を見る |
| III-19-10 | 枯山水の庭 |

## 窓の家

| | |
|---|---|
| III-20-7 | 東側外観、夜 |
| III-20-2 | 砂浜ごしに西側外観を見る |
| III-20-5 | 海岸通りと東側外観 |
| III-20-3 | 寝室から居間を見下ろす |
| III-20-8 | 居間 |
| III-20-4 | ダイニングルームと台所 |

## 図面・建物概要

### p092
# 伊豆高原の家
堀部安嗣（堀部安嗣建築設計事務所）

| | | | |
|---|---|---|---|
| **所在地** | 伊豆高原、静岡県伊東市 | | |
| **竣工** | 1998年　**居室数** 3 | | |
| **延床面積** | 65.60m² | **構造形式** | 木造 |
| **おもな外部仕上げ** | 漆喰 | **おもな内部仕上げ** | 漆喰 |
| **床** | 杉　**居住者数** 大人2人（週末住宅） | | |
| **職種** | アートディレクター | | |
| **趣味** | 読書、水泳、スイーツ、クライミング | | |

### 南北断面図

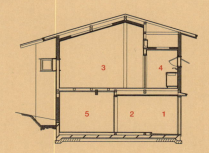

### 南立面図

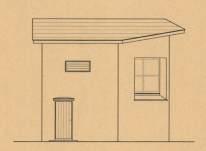

### 1階平面図

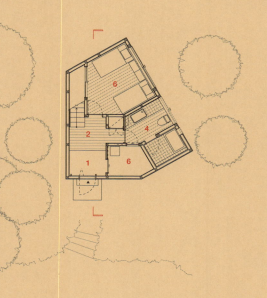

### 2階平面図

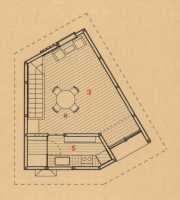

| | | | |
|---|---|---|---|
| 1 | 玄関 | 4 | 台所 |
| 2 | ホール | 5 | 寝室 |
| 3 | 居間 | 6 | 物置き |

p097
# 昭島のハウス
西沢大良（西沢大良建築設計事務所）

| 所在地 | 東京都昭島市 | 竣工年 | 2004年 |
| --- | --- | --- | --- |
| 部屋数 | 2 | 建築面積 | 75m² |
| 構造 | 鉄筋コンクリート造、木造（2×4インチ法） |
| おもな外部仕上げ | 陽極処理アルミニウム合金 |
| おもな内部仕上げ | ラワン合板　床｜リノリウム張り |
| 居住者数 | 1人　職業｜高校教師（英語） |
| 趣味 | スキューバダイビング、登山、ピアノ |

1 音楽室
2 書斎
3 寝室
4 台所
5 ダイニング
6 テラス

東西断面図

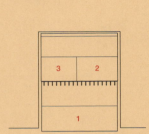

南北断面図

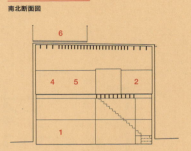

1階平面図

2階平面図

1.5階平面図

2.5階平面図

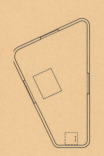

屋上平面図

1 玄関
2 ホール
3 音楽室
4 納戸
5 浴室
6 書斎
7 寝室
8 台所
9 ダイニング
10 テラス

198

# p102
## ハウス＆
## アトリエ・ワン
**塚本由晴＋貝島桃代＋玉井洋一（アトリエ・ワン）**

| | | | |
|---|---|---|---|
| 所在地 | 東京都新宿区 | 竣工年 | 2005年 |
| 部屋数 | 4フロア階に2部屋 | | |
| 建築面積 | 220m² | 構造 | 鉄骨造 |
| おもな外部仕上げ | 砂付きアスファルトルーフィング | | |
| おもな内部仕上げ | ALC | | |
| 床 | モルタル金ゴテ仕上げ、桐 | | |
| 居住者数 | 大人2人 | 職業 | 建築家 | 趣味 | ガーデニング |

### 東西断面透視図

1 アプローチ
2 玄関
3 アトリエ
4 会議室
5 キッチン
6 居間
7 テラス
8 寝室
9 屋上

### 1階および中2階平面図

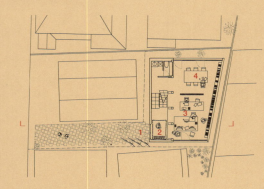

1 アプローチ
2 玄関
3 アトリエ
4 会議室
5 キッチン
6 居間
7 テラス
8 寝室
9 屋上

### 半地下平面図

### 3階平面図

### 4階平面図

### 屋上階平面図

図面・建物概要

p107
# HOUSE kn
河内一泰（河内建築設計事務所）

所在地｜神奈川県三浦市　竣工年｜2006年　部屋数｜3
建築面積｜110.67m²　構造｜木造
おもな外部仕上げ｜繊維セメント板
おもな内部仕上げ｜石膏ボード　床｜ラワン合板
居住者数｜4人（大人2人、子ども2人）
職業｜公務員、主婦
趣味｜テニス、日曜大工、家でのパーティー

1　玄関
2　駐車場
3　庭
4　ホール
5　寝室
6　台所
7　書斎
8　子供部屋
9　居間
10　テラス

南北断面図

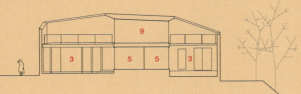

東立面図

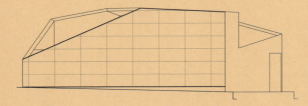

南立面図

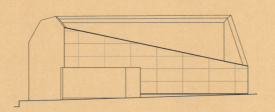

1階平面図

2階平面図

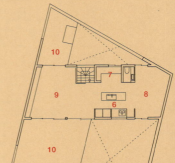

# p112
# カタ邸
## 加茂紀和子＋マニュエル・タルディッツ

| | | |
|---|---|---|
| 所在地 | 東京都世田谷区 | 竣工年 2007年 |
| 部屋数 | 5つの半階全体で1つの部屋 | 建築面積 123m² |
| 構造 | 鉄筋コンクリート造 | おもな外部仕上げ 断熱塗料 |
| おもな内部仕上げ | 打ちっぱなしのコンクリート | |
| 床 | コンクリート　居住者数 4人（大人2人、子ども2人） | |
| 職業 | 建築家 | |
| 趣味 | サバット（フランス式キックボクシング）、読書／歌、仕事 | |

1 玄関　　6 浴室
2 書斎　　7 洗面所
3 台所　　8 寝室
4 ダイニング　9 テラス
5 居間

### 1階と中2階平面図
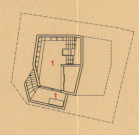

### 玄関階平面図
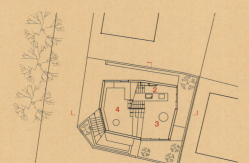

### 中2階平面図

### 東側立面図

### 南側立面図
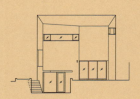

### 中2階と2階平面図

### 南北断面図

### 東西断面図

1 書斎　　3 ダイニング　5 浴室　　7 寝室
2 台所　　4 居間　　　　6 洗面所　8 テラス

図面・建物概要

p117
# 鉄の家
隈研吾（隈研吾建築都市設計事務所）

| 所在地 | 東京都文京区 | 竣工年 | 2007年 | 部屋数 | 4 |
|---|---|---|---|---|---|
| 建築面積 | 265 m² | 構造 | 鉄骨造、鉄筋コンクリート造 |
| おもな外部仕上げ | 角波鉄板 |
| おもな内部仕上げ | ポリカーボネートと着色した石膏ボード |
| 床 | コナラ合板 |
| 居住者数 | 3人（大人2人、子ども1人、犬2匹） |
| 職業 | 教授（情報科学）1.5／茶道の先生 |
| 趣味 | 鉄道模型／水泳、トールペイント |

1階平面図

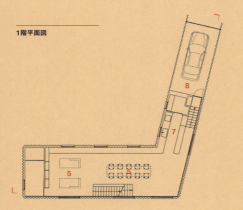

2階平面図

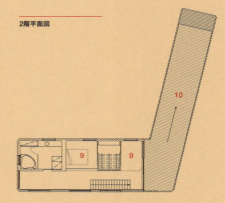

1　玄関
2　物置き
3　ホール
4　茶室
5　居間
6　ダイニング
7　台所
8　車庫
9　寝室
10　テラス

3階平面図

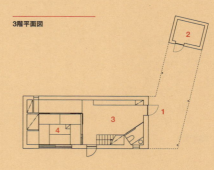

南北断面図

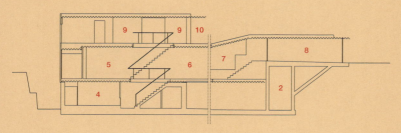

202

# O邸

中山英之（中山英之建築設計事務所）

| | |
|---|---|
| 所在地 | 京都府 |
| 竣工年 | 2009年 |
| 部屋数 | 2 |
| 建築面積 | 42.90m² |
| 構造 | 鉄骨造 |
| おもな外部仕上げ | 骨材入り弾性吹付塗装 |
| おもな内部仕上げ | PB（塗装）　床｜杉材（塗装） |
| 居住者数 | 5人（大人2人、子ども3人） |
| 職業 | 教授（デザイン論）／主婦　趣味｜散歩 |

### 1階平面図

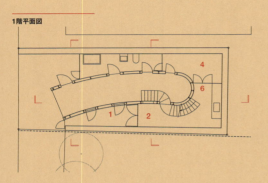

### 2階平面図

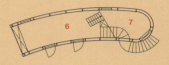

### 南北断面図

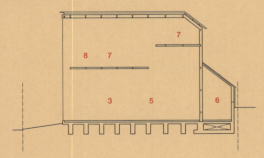

### 東西断面図

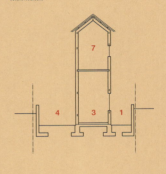

### 東西断面図

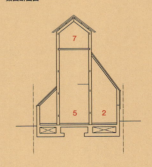

1　西庭
2　ダイニング、台所
3　ホール
4　南庭
5　北庭
6　寝室1
7　寝室2

# 羽根木公園の家 - 景色の道

p127

坂 茂（坂茂建築設計）

| | | | | |
|---|---|---|---|---|
| 所在地 | 東京都世田谷区 | 竣工年 | 2011年 | 部屋数 | 3 |
| 建築面積 | 170m² | 構造 | 鉄筋コンクリート造 |
| おもな外部仕上げ | 塗装コンクリート |
| おもな内部仕上げ | 塗装木材の弾力合板 |
| 床 | モルタル | 居住者数 | 大人2人、犬1匹 |
| 職業 | 弁護士/スタイリスト | 趣味 | 犬の散歩/作曲 |

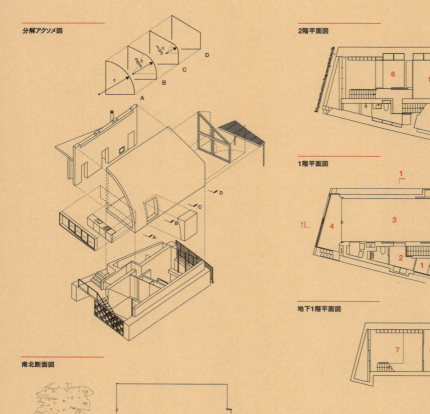

分解アクソメ図

2階平面図

1階平面図

地下1階平面図

南北断面図

東西断面図

| 1 | 玄関 | 5 | 寝室 |
|---|---|---|---|
| 2 | ホール | 6 | 書斎 |
| 3 | 居間 | 7 | アトリエ |
| 4 | テラス | 8 | 地下室 |

# 駒沢の住宅

長谷川豪（長谷川豪建築設計事務所）

| | | | |
|---|---|---|---|
| 所在地 | 東京都世田谷区 | 竣工年 | 2011年　部屋数 | 4 |
| 建築面積 | 39m² | 構造 | 木造 |
| おもな外部仕上げ | ユーカリ板 |
| おもな内部仕上げ | ラワン合板　床 | 石英岩 |
| 居住者数 | 3人（大人2人、子ども1人）、犬1匹 |
| 職業 | 会社員　趣味 | 展覧会巡り、歌、絵を描くこと |

南北断面図

1　玄関　　5　寝室
2　リビング　6　テラス
3　キッチン　7　天窓
4　書斎

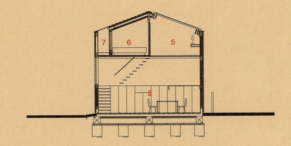

1階平面図　　2階平面図

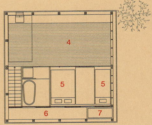

図面・建物概要

# 切通しの家
菅原大輔
(SUGAWARADAISUKE)

| | |
|---|---|
| 所在地 | 千葉県大網市 |
| 竣工年 | 2011年 |
| 部屋数 | 4 |
| 建築面積 | 104m² |
| 構造 | 木造 |
| おもな外部仕上げ | モルタルに吹き付け塗装 |
| おもな内部仕上げ | 天然の漆喰 |
| 床 | オーク材の寄せ木張り |
| 居住者数 | 4人（大人2人、子ども2人） |
| 職業 | 情報通信エンジニア／主婦 |
| 趣味 | 音楽鑑賞、釣り、登山 |

平面図

東西断面図

南立面図

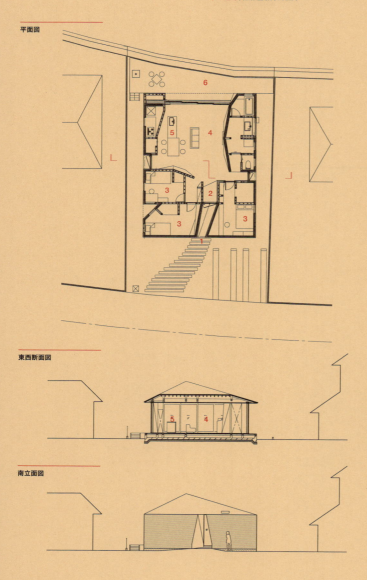

| 1 | 玄関 |
| 2 | ホール |
| 3 | 寝室 |
| 4 | 共有スペース |
| 5 | 台所 |
| 6 | テラス |

p142
# 材木座の家
柳澤潤(コンテンポラリーズ)

| | |
|---|---|
| 所在地 | 神奈川県鎌倉市　竣工年｜2012年　部屋数｜4 |
| 建築面積 | 118m²　構造｜鉄筋コンクリート造、木造 |
| おもな外部仕上げ | 塗装石綿セメントの型板 |
| おもな内部仕上げ | ラワン合板　床｜ラワン合板 |
| 居住者数 | 4人(祖母、大人2人、子ども1人) |
| 職業 | ともに建築家 |
| 趣味 | 野球観戦、サイクリング、縫い物 |

### 南東-北西断面図
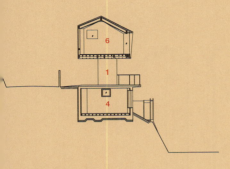

### 南東-北西断面図
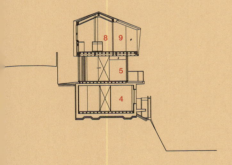

### 2階平面図
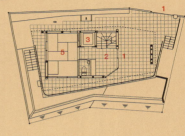

### 1階平面図

### 地下平面図

| | | | |
|---|---|---|---|
| 1 | 玄関 | 6 | 居間 |
| 2 | ホール | 7 | ダイニング |
| 3 | エレベータ | 8 | 台所 |
| 4 | 寝室 | 9 | テラス |
| 5 | 和室 | | |

図面・建物概要

p147
# リポジトリ
五十嵐淳（五十嵐淳建築設計）

| | | | |
|---|---|---|---|
| **所在地** | 北海道旭川市 | **竣工年** 2012年 | **部屋数** 2 |
| **建築面積** | 279m² | **構造** 木造 | |
| **おもな外部仕上げ** | 赤松の板囲 | | |
| **おもな内部仕上げ** | 壁紙 | | |
| **床** | カバノキ | **居住者数** 4人（大人2人、子ども2人） | |
| **職業** | 不動産協同組合の管理人／風景画家 | | |
| **趣味** | 小物集め、車／家庭園芸、スキー、漫画、写真 | | |

1階平面図

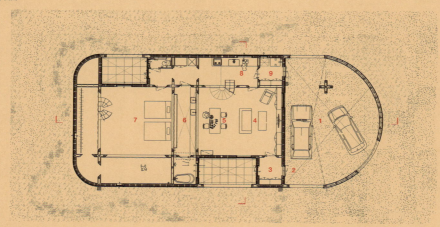

南西−北東断面図

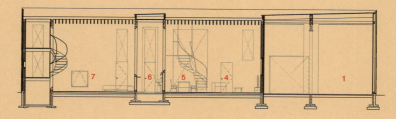

南東−北西断面図

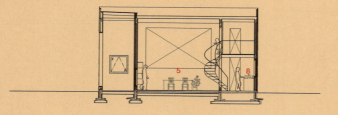

1 駐車場
2 玄関
3 ホール
4 居間
5 ダイニング
6 洗面室
7 寝室
8 台所
9 納戸

208

# p152
# 鎌倉の家
みかんぐみ

所在地｜神奈川県鎌倉市　竣工年｜2012年　部屋数｜2
建築面積｜63m²　構造｜木造　おもな外部仕上げ｜塗料
おもな内部仕上げ｜ラワン合板　床｜モルタル、ブナ板
居住者数｜1人　職業｜ジュエリーデザイナー
趣味｜サーフィン、音楽を聴くこと

2階と中2階平面図

1階と中1階平面図

南立面図

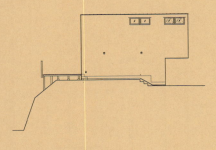

北立面図

東西断面図

南北断面図

1　玄関
2　ホール
3　アトリエ
4　書斎
5　居間
6　台所
7　寝室
8　テラス

図面・建物概要　209

p157

# 大きなすきまの
# ある生活

西田司＋萬玉直子（オンデザインパートナーズ）

| 所在地 | 東京都文京区 | 竣工年 | 2012年 | 部屋数 | 3 |
| --- | --- | --- | --- | --- | --- |

**建築面積**｜75m²　**構造**｜木造
**おもな外部仕上げ**｜繊維セメント板
**おもな内部仕上げ**｜彩色石膏ボード
**床**｜コンクリート、マルメロの寄木張り
**居住者数**｜大人2人、猫1匹　**職業**｜ともにエンジニア
**趣味**｜写真

1階平面図

2階平面図

3階平面図

南西-北東断面図

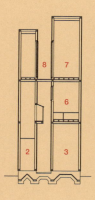

階段棟断面図

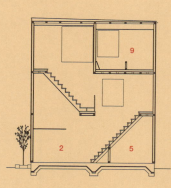

居住棟断面図

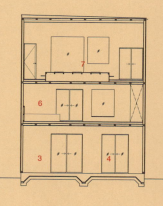

1　玄関
2　ホール
3　台所
4　ダイニング
5　納戸
6　寝室
7　居間
8　テラス
9　浴室

210

# バウンダリー・ハウス

山下保博（アトリエ・天工人）

| | |
|---|---|
| 所在地 | 千葉県鎌ヶ谷市 |
| 竣工年 | 2012年 |
| 部屋数 | 5 |
| 建築面積 | 99m² |
| 構造 | 積層強化木版 |
| おもな外部仕上げ | 焼杉（表面を炭化させた杉板） |
| おもな内部仕上げ | 柿渋染したアカマツ |
| 床 | テラゾー |
| 居住者数 | 大人3人、犬2匹（歌の名前からとられたチェリーとアンジー） |
| 職業 | 公務員／主婦／コンサルタント |
| 趣味 | 歌舞伎鑑賞、音楽、読書／映画 |

アクソメ図

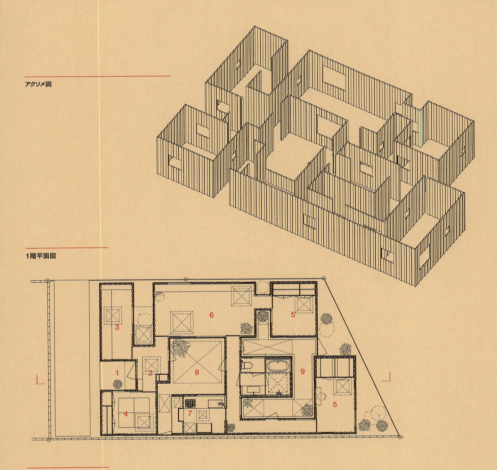

1階平面図

北西−南東断面図

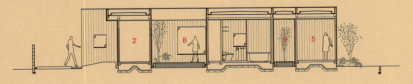

1 玄関
2 ホール
3 書斎
4 和室
5 寝室
6 居間
7 台所
8 うち庭1
9 うち庭2

図面・建物概要　　211

# デッキの家

### 手塚貴晴＋手塚由比
（手塚建築研究所）

| | |
|---|---|
| 所在地 | 東京都小平市　竣工年｜2012年　部屋数｜5 |
| 建築面積 | 81.55m² 　構造｜鉄骨造 |
| おもな外部仕上げ | サボジラの外壁材 |
| おもな内部仕上げ | シナノキの合板 |
| 床 | チャンフータの寄木張り |
| 居住者数 | 4人（大人2人、子ども2人） |
| 職業 | アートディレクター／教授 |
| 趣味 | ボサノヴァを聴くこと、家族と過ごすこと |

## 南北断面図

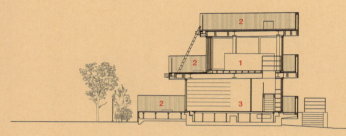

1　ダイニング
2　デッキ
3　書斎

## 2階平面図　　　1階平面図

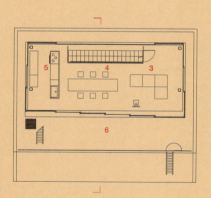
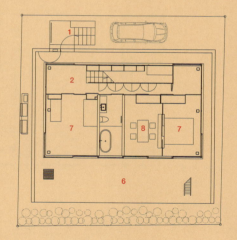

1　玄関　　　5　台所
2　ホール　　6　デッキ
3　居間　　　7　寝室
4　ダイニング　8　書斎

212

p172
# +node
前田圭介（UID）

所在地｜広島県福山市｜竣工年｜2012年　部屋数｜7
建築面積｜125m²　構造｜鉄骨造
おもな外部仕上げ｜杉板　おもな内部仕上げ｜合板
床｜フローリング　居住者数｜3人（大人2人、子ども1人）
職業｜エンジニア／主婦
趣味｜ドライブ、模型作り／読書、料理

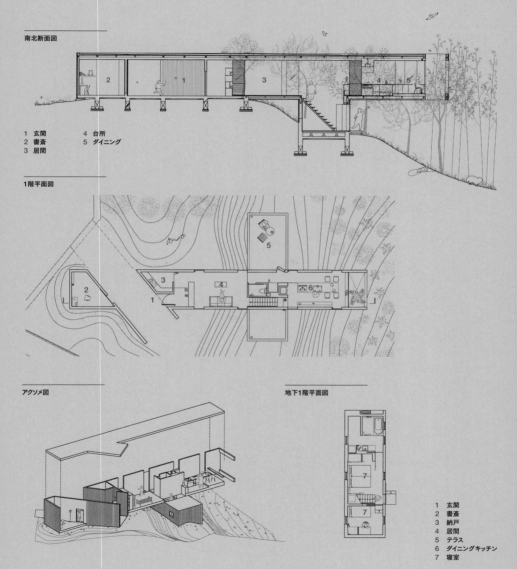

南北断面図

1　玄関　　4　台所
2　書斎　　5　ダイニング
3　居間

1階平面図

アクソメ図

地下1階平面図

1　玄関
2　書斎
3　納戸
4　台所
5　テラス
6　ダイニングキッチン
7　寝室

図面・建物概要　　213

p177
# 光の郭
川本敦史＋川本まゆみ
（エムエースタイル建築設計）

| | |
|---|---|
| 所在地 | 愛知県豊川市 |
| 竣工年 | 2013年 |
| 部屋数 | 3 |
| 建築面積 | 82m² |
| 構造 | 木造 |
| おもな外部仕上げ | 彩色セメント板 |
| おもな内部仕上げ | シナ合板と漆喰 |
| 床 | カエデの寄木張りとコンクリート |
| 居住者数 | 4人（大人2人、子ども2人） |
| 職業 | 教師（建築設計）／保母 |
| 趣味 | 家族でのキャンプ、オートバイ／ショッピング |

1 玄関
2 駐車場
3 ホール
4 寝室
5 納戸
6 台所
7 居間
8 ダイニング
9 書斎

光の透過を示したアクソメ図

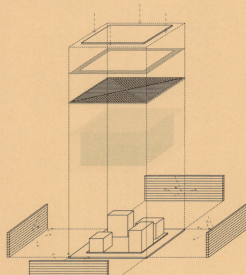

1階平面図

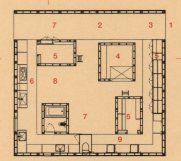

2階平面図

南北断面図

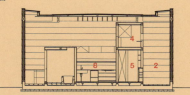

東西断面図

# 千葉の家
## 谷尻誠＋吉田愛
### （SUPPOSE DESIGN OFFICE）

p182

| | |
|---|---|
| 所在地 | 千葉県千葉市　竣工年｜2013年　部屋数｜5 |
| 建築面積 | 261m²（増築：78m²） |
| 構造 | 木造および鉄骨造 |
| おもな外部仕上げ | ローズウッド材 |
| おもな内部仕上げ | ローズウッド材 |
| 床 | カラーモルタル　居住者数｜3人（大人2人、子ども1人） |
| 職業 | 経営コンサルタント／主婦 |
| 趣味 | 絵画、ゴルフ／ビデオゲーム、ゴルフ |

南北断面図

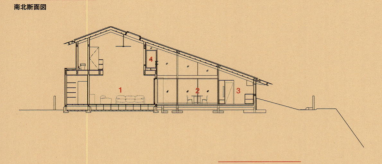

| 1 | 居間 |
| 2 | ダイニング |
| 3 | 台所 |
| 4 | 歩廊 |

2階平面図

1階平面図

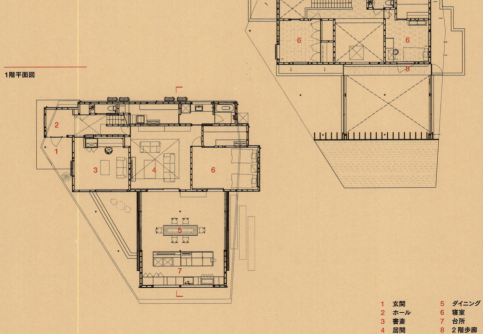

| 1 | 玄関 | 5 | ダイニング |
| 2 | ホール | 6 | 寝室 |
| 3 | 書斎 | 7 | 台所 |
| 4 | 居間 | 8 | 2階歩廊 |

図面・建物概要　215

p187
# 窓の家
吉村靖孝
（吉村靖孝建築設計事務所）

| | | | |
|---|---|---|---|
| **所在地** | 神奈川県葉山町 | **竣工年** | 2013年　**部屋数** 1 |
| **建築面積** | 30m²（駐車場を含む） | | |
| **構造** | 鉄筋コンクリート造、木造 | | |
| **おもな外部仕上げ** | フレキシブルボード＋塗装 | | |
| **おもな内部仕上げ** | 壁紙　**床** ラワン合板＋塗装 | | |
| **居住者数** | 大人1人　**職業** 釣り具会社経営 | | |
| **趣味** | 海を眺めること | | |

東立面図

南立面図

1階平面図
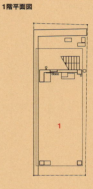

2階平面図

南北断面図　　東西断面図

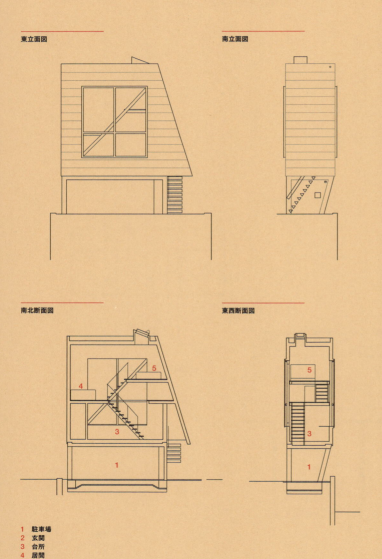

中2階平面図
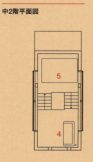

1　駐車場
2　玄関
3　台所
4　居間
5　寝室

216

# 出品資料リスト

- サイズは高さ×幅、あるいは高さ×奥行き×幅、単位はmmで示した。
- 写真は本展のためにデジタルデータからあらたにプリントを起こした。
- 図面は本展のためにオリジナル図面に基づきあらたに作図した。
- 本書は展覧会の内容に基づいて構成されており、
  種別に＊を付した作品は本書に掲載はないが展覧会に出品されている資料である。
  また、参考写真とあるものは展覧会に出品されていない参考資料である。
- 各資料に付した番号は出品資料番号と一致するが、展示順とは必ずしも一致しない。
- 「東京の家」の章に掲載した作品は、すべてジェレミ・ステラによる写真シリーズ「東京の家」からの作品であり、
  450×650のインクジェットプリントを展示した。
- 種別は以下の略称で記した。写真：写｜図面：図｜模型：模｜平面資料：平｜映像：映｜

## 昨日の家

| 資料名 | 種別 | 制作者、撮影者 | 資料制作年、撮影年 | 素材、技法 | 資料寸法 | 資料所蔵者 |
|---|---|---|---|---|---|---|
| **I-1. 夏の家／1933／アントニン・レーモンド** | | | | | | |
| 1 南側外観 | 写 | | 1934 | | | ペンシルヴァニア大学附属博物館スギヤマコレクション |
| 2 居間内観 | 写 | | 1934 | | | ペンシルヴァニア大学附属博物館スギヤマコレクション |
| 3 東西断面図 | 図 | | 2014年 | | | |
| 4 1階平面図 | 図 | | 2014年 | | | |
| 5 模型（1:50） | 模 | 制作：明治大学建築都市デザイン国際プロフェッショナルコース | 2017年 | スチレンボード | | |
| **I-2. 前川國男邸／1942／前川國男** | | | | | | |
| 1 南側外観 | 写 | 撮影：ジェレミ・ステラ | 2014年 | | | |
| 2 居間内観 | 写 | 撮影：ジェレミ・ステラ | 2014年 | | | |
| 3 南北断面図 | 図 | | 2014年 | | | |
| 4 1階平面図 | 図 | | 2014年 | | | |
| 5 模型（1:50） | 模 | 制作：明治大学建築都市デザイン国際プロフェッショナルコース | 2017年 | スチレンボード | | |
| **I-3. 斎藤助教授の家／1952／清家清** | | | | | | |
| 1 南東側外観 | 写 | 撮影：平山忠治 | | | | |
| 2 テラス | 写 | | | | | 写真提供：デザインシステム |
| 3 南東ー北西断面図 | 図 | | 2014年 | | | |
| 4 平面図 | 図 | | 2014年 | | | |
| 5 模型（1:50） | 模 | 制作：明治大学建築都市デザイン国際プロフェッショナルコース | 2017年 | スチレンボード | | |
| **I-4. 住居／1953／丹下健三** | | | | | | |
| 1 外観 | 写 | 撮影：平山忠治 | 1954年頃 | | | 写真提供：新建築社 |

| | 資料名 | 種別 | 制作者、撮影者 | 資料制作年、撮影年 | 素材、技法 | 資料寸法 | 資料所蔵者 |
|---|---|---|---|---|---|---|---|
| 2 | 内観 | 写 | 撮影：石元泰博 | 1954年頃 | | | ©高知県、石元泰博フォトセンター |
| 3 | 南北断面図 | 図 | | 2014年 | | | |
| 4 | 平面図 | 図 | | 2014年 | | | |
| 5 | 模型（1:50） | 模 | 制作：明治大学建築都市デザイン国際プロフェッショナルコース | 2017年 | スチレンボード | | |

## I-5. スカイハウス／1958／菊竹清訓

| | 資料名 | 種別 | 制作者、撮影者 | 資料制作年、撮影年 | 素材、技法 | 資料寸法 | 資料所蔵者 |
|---|---|---|---|---|---|---|---|
| 1 | 東側外観 | 写 | 撮影：菊竹清訓 | | | | 写真提供：菊竹清訓建築設計事務所 |
| 2 | 居間内観 | 写 | 撮影：川澄明男 | | | | 写真提供：菊竹清訓建築設計事務所 |
| 3 | 南東-北西断面図 | 図 | | 2014年 | | | |
| 4 | 主階平面図 | 図 | | 2014年 | | | |
| 5 | 模型（1:50） | 模 | 制作：明治大学建築都市デザイン国際プロフェッショナルコース | 2017年 | スチレンボード | | |

## I-6. 旧吉屋信子邸（現・鎌倉市吉屋信子記念館）／1962／吉田五十八

| | 資料名 | 種別 | 制作者、撮影者 | 資料制作年、撮影年 | 素材、技法 | 資料寸法 | 資料所蔵者 |
|---|---|---|---|---|---|---|---|
| 1 | 南東側外観 | 写 | 撮影：マニュエル・タルディッツ | | | | 協力：鎌倉市教育委員会 |
| 2 | 居間内観 | 写 | 撮影：マニュエル・タルディッツ | | | | 協力：鎌倉市教育委員会 |
| 3 | 南東-北西断面図 | 図 | | 2014年 | | | |
| 4 | 平面図 | 図 | | 2014年 | | | |
| 5 | 模型（1:50） | 模 | 制作：明治大学建築都市デザイン国際プロフェッショナルコース | 2017年 | スチレンボード | | |

## I-7. 白の家／1966／篠原一男

| | 資料名 | 種別 | 制作者、撮影者 | 資料制作年、撮影年 | 素材、技法 | 資料寸法 | 資料所蔵者 |
|---|---|---|---|---|---|---|---|
| 1 | 南側外観 | 写 | 撮影：彰国社写真部 | | | | 写真提供：彰国社 |
| 2 | 広間内観 | 写 | 撮影：上田宏 | | | | |
| 3 | 東西断面図 | 図 | | | | | |
| 4 | 1階平面図 | 図 | | 2014年 | | | |
| 5 | 2階平面図 | 図 | | 2014年 | | | |
| 6 | 模型（1:50） | 模 | 東京工業大学博物館寄託 | | 航空ベニヤ板 | | |

## I-8. 塔の家／1966／東孝光

| | 資料名 | 種別 | 制作者、撮影者 | 資料制作年、撮影年 | 素材、技法 | 資料寸法 | 資料所蔵者 |
|---|---|---|---|---|---|---|---|
| 1 | 南西側外観 | 写 | 撮影：村井修 | 1967年 | | | |
| 2 | 2階居間。上は中3階踊り場 | 写 | 撮影：村井修 | 1967年 | | | |
| 3 | アクソメ図 | 図 | | | | | |

| | 資料名 | 種別 | 制作者、撮影者 | 資料制作年、撮影年 | 素材、技法 | 資料寸法 | 資料所蔵者 |
|---|---|---|---|---|---|---|---|
| 4 | 南北断面図 | 図 | | 2014年 | | | |
| 5 | 地階平面図 | 図 | | 2014年 | | | |
| 6 | 1階平面図 | 図 | | 2014年 | | | |
| 7 | 2階平面図 | 図 | | 2014年 | | | |
| 8 | 3階平面図 | 図 | | 2014年 | | | |
| 9 | 4階平面図 | 図 | | 2014年 | | | |
| 10 | 5階平面図 | 図 | | 2014年 | | | |
| 11 | 模型(1:50) | 模 | 制作:明治大学建築都市デザイン国際プロフェッショナルコース | 2017年 | スチレンボード | | |

## I-9. 幻庵／1975／石山修武

| | 資料名 | 種別 | 制作者、撮影者 | 資料制作年、撮影年 | 素材、技法 | 資料寸法 | 資料所蔵者 |
|---|---|---|---|---|---|---|---|
| 1 | 南側外観 | 写 | | | | | 写真提供:スタジオGAYA |
| 2 | 居間内観 | 写 | | | | | 写真提供:スタジオGAYA |
| 3 | 南北断面図 | 図 | | 2014年 | | | |
| 4 | 1階平面図 | 図 | | 2014年 | | | |
| 5 | 2階平面図 | 図 | | 2014年 | | | |
| 6 | 模型(1:50) | 模 | 制作:明治大学建築都市デザイン国際プロフェッショナルコース | 2017年 | スチレンボード | | |

## I-10. 住吉の長屋／1976／安藤忠雄

| | 資料名 | 種別 | 制作者、撮影者 | 資料制作年、撮影年 | 素材、技法 | 資料寸法 | 資料所蔵者 |
|---|---|---|---|---|---|---|---|
| 1 | 竣工当時の様子と住吉の長屋 | 写 | 撮影:安藤忠雄 | | | | 写真提供:安藤忠雄建築研究所 |
| 2 | 中庭。奥に台所と食堂 | 写 | 撮影:安藤忠雄 | | | | 写真提供:安藤忠雄建築研究所 |
| 3 | アクソメ図 | 図 | | | | | |
| 4 | 東西断面図 | 図 | | 2014年 | | | |
| 5 | 1階平面図 | 図 | | 2014年 | | | |
| 6 | 2階平面図 | 図 | | 2014年 | | | |
| 7 | 模型(1:50) | 模 | 制作:明治大学建築都市デザイン国際プロフェッショナルコース | 2017年 | スチレンボード | | |

## I-11. 上原通りの住宅／1976／篠原一男

| | 資料名 | 種別 | 制作者、撮影者 | 資料制作年、撮影年 | 素材、技法 | 資料寸法 | 資料所蔵者 |
|---|---|---|---|---|---|---|---|
| 1 | 南西側外観 | 写 | 撮影:多木浩二 | | | | |
| 2 | 居間・食堂内観 | 写 | 撮影:多木浩二 | | | | |
| 3 | 南東-北西断面図 | 図 | | | | | |
| 4 | 1階平面図 | 図 | | 2014年 | | | |

| | 資料名 | 種別 | 制作者、撮影者 | 資料制作年、撮影年 | 素材、技法 | 資料寸法 | 資料所蔵者 |
|---|---|---|---|---|---|---|---|
| 5 | 2階平面図 | 図 | | 2014年 | | | |
| 6 | 3階平面図 | 図 | | 2014年 | | | |
| 7 | 模型 (1:50) | 模 | 東京工業大学博物館寄託 | | 航空ベニヤ板 | | |

### I-12. 山川山荘／1977／山本理顕

| | 資料名 | 種別 | 制作者、撮影者 | 資料制作年、撮影年 | 素材、技法 | 資料寸法 | 資料所蔵者 |
|---|---|---|---|---|---|---|---|
| 1 | 北東側外観 | 写 | 撮影：秋山亮二 | 2008年 | | | 写真協力：TOTO（株） |
| 2 | テラス内観 | 写 | 撮影：秋山亮二 | 2008年 | | | 写真協力：TOTO（株） |
| 3 | 東西断面図 | 図 | | 2014年 | | | |
| 4 | 平面図 | 図 | | 2014年 | | | |
| 5 | 模型 | 模 | 制作：明治大学建築都市デザイン国際プロフェッショナルコース | 2017年 | スチレンボード | | |

### I-13. 南湖の家／1978／坂本一成

| | 資料名 | 種別 | 制作者、撮影者 | 資料制作年、撮影年 | 素材、技法 | 資料寸法 | 資料所蔵者 |
|---|---|---|---|---|---|---|---|
| 1 | 南側外観 | 写 | 撮影：新建築社写真部 | 1978年 | | | 写真提供：新建築社 |
| 2 | 居間内観 | 写 | 撮影：新建築社写真部 | 1978年 | | | 写真提供：新建築社 |
| 3 | 断面図 | 図 | | 2014年 | | | |
| 4 | 平面図 | 図 | | 2014年 | | | |
| 5 | 模型 (1:50) | 模 | 東京工業大学博物館寄託 | | | | |

### I-14. シルバーハット／1984／伊東豊雄

| | 資料名 | 種別 | 制作者、撮影者 | 資料制作年、撮影年 | 素材、技法 | 資料寸法 | 資料所蔵者 |
|---|---|---|---|---|---|---|---|
| 1 | 南側外観 | 写 | 撮影：大橋富夫 | | | | |
| 2 | 中庭 | 写 | 撮影：大橋富夫 | | | | |
| 3 | 東西断面図 | 図 | | 2014年 | | | |
| 4 | 平面図 | 図 | | 2014年 | | | |
| 5 | 模型 (1:50) | 模 | 制作：明治大学建築都市デザイン国際プロフェッショナルコース | 2017年 | スチレンボード | | |

## ゲスト・アーティストの家

| 資料名 | 種別 | 制作者 | 制作年 | 素材、技法 | 資料寸法 | 資料所蔵者 |
|---|---|---|---|---|---|---|
| Dig-Ital City Prototype | 平＊ | 坂口恭平 | 2008年 | カンヴァスにペン | 150×500 | 作家蔵（協力：セゾンアートワークス） |

## 東京の家

| | 撮影者《資料名》 | 撮影年 | 建築家名（主宰事務所） | 竣工年 | 備考 |
|---|---|---|---|---|---|
| II-1 | ジェレミ・ステラ《アトリエ・天工人／チカニウマルコウブツ、2010年8月6日》 | 撮影：2010年8月6日 | 山下保博（アトリエ・天工人） | 2006年 | |
| II-2 | ジェレミ・ステラ《日祥工業／桜ヶ丘ハウス、2010年9月2日》 | 撮影：2010年9月2日 | 中川純一（現・設計事務所バリカン） | 2007年 | |
| II-3 | ジェレミ・ステラ《妹島和世／梅林の家、2010年9月2日》 | 撮影：2010年9月2日 | 妹島和世 | 2003年 | |
| II-4 | ジェレミ・ステラ《A.L.X.／On the cherry blossom、2010年9月3日》 | 撮影：2010年9月3日 | 三幣順一（A.L.X.） | 2008年 | 撮影補佐：ブリュノ・ベレック |
| II-5 | ジェレミ・ステラ《A.H.アーキテクツ／YY House、2010年9月15日》 | 撮影：2010年9月15日 | 彦根明（彦根建築設計事務所） | 2007年 | |
| II-6 | ジェレミ・ステラ《アトリエ・天工人／Lucky drops、2010年9月21日》 | 撮影：2010年9月21日 | 山下保博（アトリエ・天工人） | 2005年 | |
| II-7 | ジェレミ・ステラ《スターパイロッツ／スイミーハウス、2010年9月22日》 | 撮影：2010年9月22日 | 三浦丈典（設計事務所スターパイロッツ） | 2010年 | |
| II-8 | ジェレミ・ステラ《マウントフジアーキテクツスタジオ／雨晴れの住処、2010年9月22日》 | 撮影：2010年9月22日 | 原田真宏＋原田麻魚（マウントフジアーキテクツスタジオ） | 2008年 | |
| II-9 | ジェレミ・ステラ《隈研吾建築都市設計事務所／Wood/Berg、2010年11月3日》 | 撮影：2010年11月3日 | 隈研吾（隈研吾建築都市設計事務所） | 2008年 | |
| II-10 | ジェレミ・ステラ《西沢立衛建築設計事務所／森山邸、2010年11月11日》 | 撮影：2010年11月11日 | 西沢立衛（西沢立衛建築設計事務所） | 2005年 | |
| II-11 | ジェレミ・ステラ《アーキテクトン／White Base、2010年11月12日》 | 撮影：2010年11月12日 | 米田明（アーキテクトン） | 2006年 | 撮影補佐：ブリュノ・ベレック |
| II-12 | ジェレミ・ステラ《アトリエ・天工人／ペンギンハウス、2010年11月20日》 | 撮影：2010年11月20日 | 山下保博（アトリエ・天工人） | 2002年 | |
| II-13 | ジェレミ・ステラ《山縣洋建築設計事務所／BB、2011年2月15日》 | 撮影：2011年2月15日 | 山縣洋（山縣洋建築設計事務所） | 2009年 | |
| II-14 | ジェレミ・ステラ《アーキテクトン／Ambi-Flux、2011年3月9日》 | 撮影：2011年3月9日 | 米田明（アーキテクトン） | 2000年 | |
| II-15 | ジェレミ・ステラ《横河設計工房／八丁堀・桜庵、2011年4月8日》 | 撮影：2011年4月8日 | 横河健（横河設計工房） | 2006年 | |
| II-16 | ジェレミ・ステラ《伊丹潤・アーキテクツ、2011年4月10日》 | 撮影：2011年4月10日 | 伊丹潤（伊丹潤・アーキテクツ） | 2006年 | |
| II-17 | ジェレミ・ステラ《スタジオ・ノア／井の頭の家、2011年7月13日》 | 撮影：2011年7月13日 | 森信人（スタジオ・ノア） | 2011年 | |
| II-18 | ジェレミ・ステラ《オクトーバー／Doubleblind、2011年8月24日》 | 撮影：2011年8月24日 | 上田知正（オクトーバー） | 2005年 | |
| II-19 | ジェレミ・ステラ《オクトーバー／Subdivision、2011年9月17日》 | 撮影：2011年9月17日 | 上田知正（オクトーバー） | 2005年 | |

出品資料リスト

| | 撮影者《資料名》 | 撮影年 | 建築家名(主宰事務所) | 竣工年 | 備考 |
|---|---|---|---|---|---|
| II-20 | ジェレミ・ステラ《アーキテクトン／Delta、2011年11月1日》 | 撮影：2011年11月1日 | 米田明(アーキテクトン) | 2006年 | |
| II-21 | ジェレミ・ステラ《オクトーバー／Edgeyard、2012年5月23日》 | 撮影：2012年5月23日 | 上田知正(オクトーバー) | 2004年 | |
| II-22 | ジェレミ・ステラ《藤本壮介建築設計事務所／House NA、2012年7月23日》 | 撮影：2012年7月23日 | 藤本壮介(藤本壮介建築設計事務所) | 2011年 | |
| II-23 | ジェレミ・ステラ《アトリエ・ワン／タワーまちや、2013年2月1日》 | 撮影：2013年2月1日 | 塚本由晴＋貝島桃代(アトリエ・ワン) | 2010年 | |
| II-24 | ジェレミ・ステラ《青木淳建築計画事務所／i、2013年3月6日》 | 撮影：2013年3月6日 | 青木淳(青木淳建築計画事務所) | 2001年 | |
| II-25 | ジェレミ・ステラ《イイヅカアトリエ／キッチンのない家、2013年3月8日》 | 撮影：2013年3月8日 | 飯塚拓生(イイヅカアトリエ) | 2008年 | |
| II-26 | ジェレミ・ステラ《林順孝建築設計事務所／中目黒の家、2013年3月21日》 | 撮影：2013年3月21日 | 林順孝(林順孝建築設計事務所) | 2010年 | |
| II-27 | ジェレミ・ステラ《TNA／シロガネの家、2013年3月21日》 | 撮影：2013年3月21日 | 武井誠(TNA) | 2009年 | |
| II-28 | ジェレミ・ステラ《岡田哲史建築設計事務所／若葉台の家、2013年6月4日》 | 撮影：2013年6月4日 | 岡田哲史(岡田哲史建築設計事務所) | 2006年 | |
| II-29 | ジェレミ・ステラ《プライム建築都市研究所／殻の家、2013年8月29日》 | 撮影：2013年8月29日 | 田辺芳生(プライム建築都市研究所) | 2003年 | |
| II-30 | ジェレミ・ステラ《横河設計工房／弘中邸、2013年9月17日》 | 撮影：2013年9月17日 | 横河健(横河設計工房) | 2011年 | |
| II-31 | ジェレミ・ステラ《新関スタジオ／WEP下北沢、2013年9月17日》 | 撮影：2013年9月17日 | 新関謙一郎(NIIZEKI STUDIO) | 2006年 | |
| II-32 | ジェレミ・ステラ《阪根宏彦計画設計事務所／九段の家、2013年10月8日》 | 撮影：2013年10月8日 | 阪根宏彦(阪根宏彦計画設計事務所) | 2004年 | |
| II-33 | ジェレミ・ステラ《保坂猛建築都市設計事務所／Room room、2013年10月11日》 | 撮影：2013年10月11日 | 保坂猛(保坂猛建築都市設計事務所) | 2010年 | |
| II-34 | ジェレミ・ステラ《アトリエ・天工人／Magritte's、2013年10月28日》 | 撮影：2013/10/28 | 山下保博(アトリエ・天工人) | 2005年 | |
| II-35 | ジェレミ・ステラ《木下道郎ワークショップ／Laatikko、2013年10月28日》 | 撮影：2013年10月11日 | 木下道郎(木下道郎ワークショップ) | 2009年 | |
| II-36 | ジェレミ・ステラ《ミリグラムスタジオ／深大寺の入籠、2013年11月1日》 | 撮影：2013年11月1日 | 内海智行(ミリグラムスタジオ) | 2006年 | |

# 今の家

| | 資料名 | 種別 | 制作者、撮影者 | 資料制作年、撮影年 | 素材、技法 | 資料寸法 | 資料所蔵者 |
|---|---|---|---|---|---|---|---|
| **III-1．伊豆高原の家／1998／堀部安嗣（堀部安嗣建築設計事務所）** | | | | | | | |
| 1 | 南東側外観 | 写 | 撮影：ジェレミ・ステラ | 2013年 | | | |
| 2 | 階段 | 写 | 撮影：ジェレミ・ステラ | 2013年 | | | |
| 3 | 玄関アプローチ | 写 | 撮影：ジェレミ・ステラ | 2013年 | | | |
| 4 | ホール内観 | 写＊ | 撮影：ジェレミ・ステラ | 2013年 | | | |
| 5 | 居間内観 | 写 | 撮影：ジェレミ・ステラ | 2013年 | | | |
| 6 | 居間内観 | 写＊ | 撮影：ジェレミ・ステラ | 2013年 | | | |
| 7 | 道路から見た外観 | 写＊ | 撮影：ジェレミ・ステラ | 2013年 | | | |
| 8 | 1階寝室 | 写＊ | 撮影：ジェレミ・ステラ | 2013年 | | | |
| 9 | 西側外観 | 写＊ | 撮影：ジェレミ・ステラ | 2013年 | | | |
| 参考写真 | 洗面室 | 写 | 撮影：ジェレミ・ステラ | 2013年 | | | |
| 10 | 南北断面図 | 図 | | 2014年 | | | |
| 11 | 南立面図 | 図 | | 2014年 | | | |
| 12 | 1階平面図 | 図 | | 2014年 | | | |
| 13 | 2階平面図 | 図 | | 2014年 | | | |
| 14 | 「伊豆高原の家」のためのドローイング | 平 | 堀部安嗣 | | | 297×420 | 堀部安嗣建築設計事務所 |
| 15 | 模型（1:50） | 模 | 制作：堀部安嗣建築設計事務所 | 2017年 | | 250×250×210 | 堀部安嗣建築設計事務所 |
| **III-2．昭島のハウス／2004／西沢大良（西沢大良建築設計事務所）** | | | | | | | |
| 1 | 西側外観 | 写 | 撮影：ジェレミ・ステラ | 2013年 | | | |
| 2 | 南側外観 | 写 | 撮影：ジェレミ・ステラ | 2013年 | | | |
| 3 | 1階ピアノ室 | 写 | 撮影：ジェレミ・ステラ | 2013年 | | | |
| 4 | 台所およびダイニングルーム内観 | 写 | 撮影：ジェレミ・ステラ | 2013年 | | | |
| 5 | 書斎内観 | 写 | 撮影：ジェレミ・ステラ | 2013年 | | | |
| 6 | 寝室内観 | 写 | 撮影：ジェレミ・ステラ | 2013年 | | | |
| 10 | 東西断面図 | 図 | | 2014年 | | | |
| 11 | 南北断面図 | 図 | | 2014年 | | | |
| 12 | 1階平面図 | 図 | | 2014年 | | | |
| 13 | 中1階平面図 | 図 | | 2014年 | | | |

| | 資料名 | 種別 | 制作者、撮影者 | 資料制作年、撮影年 | 素材、技法 | 資料寸法 | 資料所蔵者 |
|---|---|---|---|---|---|---|---|
| 14 | 2階平面図 | 図 | | 2014年 | | | |
| 15 | 中2階平面図 | 図 | | 2014年 | | | |
| 16 | 屋上平面図 | 図 | | 2014年 | | | |
| 17 | 「昭島のハウス」のためのドローイング | 平 | 西沢大良 | | | | 西沢大良建築設計事務所 |
| 18 | 模型（1:50） | 模 | 制作：西沢大良建築設計事務所 | 2017年 | | | 西沢大良建築設計事務所 |

## III-3. ハウス&アトリエ・ワン／2005／アトリエ・ワン（塚本由晴＋貝島桃代＋玉井洋一）

| | 資料名 | 種別 | 制作者、撮影者 | 資料制作年、撮影年 | 素材、技法 | 資料寸法 | 資料所蔵者 |
|---|---|---|---|---|---|---|---|
| 1 | 屋上 | 写 | 撮影：ジェレミ・ステラ | 2013年 | | | |
| 2 | 左に居間と右に階段室 | 写 | 撮影：ジェレミ・ステラ | 2013年 | | | |
| 3 | テラス | 写 | 撮影：ジェレミ・ステラ | 2013年 | | | |
| 4 | 居間 | 写 | 撮影：ジェレミ・ステラ | 2013年 | | | |
| 5 | アプローチから南西側外観を見る | 写 | 撮影：ジェレミ・ステラ | 2013年 | | | |
| 6 | 北側外観 | 写 | 撮影：ジェレミ・ステラ | 2013年 | | | |
| 7 | 居間 | 写* | 撮影：ジェレミ・ステラ | 2013年 | | | |
| 8 | 1階アトリエ | 写 | 撮影：ジェレミ・ステラ | 2013年 | | | |
| 9 | 1階、2階アトリエ | 写 | 撮影：ジェレミ・ステラ | 2013年 | | | |
| 10 | 1階アトリエ | 写 | 撮影：ジェレミ・ステラ | 2013年 | | | |
| 11 | 東西断面透視図 | 図 | | 2014年 | | | |
| 12 | 半地下平面図 | 図 | | 2014年 | | | |
| 13 | 1階および中2階平面図 | 図 | | 2014年 | | | |
| 14 | 3階平面図 | 図 | | 2014年 | | | |
| 15 | 4階平面図 | 図 | | 2014年 | | | |
| 16 | 「ハウス&アトリエ・ワン」のためのドローイング | 平 | 塚本由晴＋貝島桃代（アトリエ・ワン） | | | | アトリエ・ワン |
| 17 | 模型（1:50） | 模 | 制作：アトリエ・ワン | 2017年 | | | アトリエ・ワン |

## III-4. HOUSE kn／2006／河内一泰（河内建築設計事務所）

| | 資料名 | 種別 | 制作者、撮影者 | 資料制作年、撮影年 | 素材、技法 | 資料寸法 | 資料所蔵者 |
|---|---|---|---|---|---|---|---|
| 1 | 中庭 | 写 | 撮影：ジェレミ・ステラ | 2013年 | | | |
| 2 | 玄関アプローチ | 写 | 撮影：ジェレミ・ステラ | 2013年 | | | |
| 3 | 中庭からテラスを見あげる | 写 | 撮影：ジェレミ・ステラ | 2013年 | | | |

| | 資料名 | 種別 | 制作者、撮影者 | 資料制作年、撮影年 | 素材、技法 | 資料寸法 | 資料所蔵者 |
|---|---|---|---|---|---|---|---|
| 4 | 中庭から南側ファサードを見る | 写 | 撮影:ジェレミ・ステラ | 2013年 | | | |
| 5 | 2階テラス | 写 | 撮影:ジェレミ・ステラ | 2013年 | | | |
| 6 | 台所およびダイニングルーム | 写 | 撮影:ジェレミ・ステラ | 2013年 | | | |
| 7 | 北側ファサード | 写* | 撮影:ジェレミ・ステラ | 2013年 | | | |
| 8 | 1階内観 | 写 | 撮影:ジェレミ・ステラ | 2013年 | | | |
| 9 | 南側外観 | 写 | 撮影:ジェレミ・ステラ | 2013年 | | | |
| 参考写真 | 2階居間 | 写 | 撮影:ジェレミ・ステラ | 2013年 | | | |
| 10 | 南北断面図 | 図 | | 2014年 | | | |
| 11 | 1階平面図 | 図 | | 2014年 | | | |
| 12 | 2階平面図 | 図 | | 2014年 | | | |
| 13 | 東立面図 | 図 | | 2014年 | | | |
| 14 | 南立面図 | 図 | | 2014年 | | | |
| 15 | 「HOUSE kn」のためのドローイング | 平 | 河内一泰 | 2017年 | 紙にインクジェットプリント | 297×400 | 河内建築設計事務所 |
| 16 | 模型(1:50) | 模 | 制作:河内建築設計事務所 | 2017年 | スチレンボード | 515×728×200 | 河内建築設計事務所 |

## III-5. カタ邸／2007／加茂紀和子＋マニュエル・タルディッツ

| | 資料名 | 種別 | 制作者、撮影者 | 資料制作年、撮影年 | 素材、技法 | 資料寸法 | 資料所蔵者 |
|---|---|---|---|---|---|---|---|
| 1 | ダイニングルームより居間を見上げる | 写 | 撮影:ジェレミ・ステラ | 2013年 | | | |
| 2 | 西側外観 | 写 | 撮影:ジェレミ・ステラ | 2013年 | | | |
| 3 | 2階階段室本棚 | 写 | 撮影:ジェレミ・ステラ | 2013年 | | | |
| 4 | 道路から見た南側外観 | 写* | 撮影:ジェレミ・ステラ | 2013年 | | | |
| 5 | 居間よりダイニングルームを見下ろす | 写 | 撮影:ジェレミ・ステラ | 2013年 | | | |
| 6 | 居間 | 写 | 撮影:ジェレミ・ステラ | 2013年 | | | |
| 7 | 玄関、1階、2階をつなぐ階段 | 写 | 撮影:ジェレミ・ステラ | 2013年 | | | |
| 8 | 台所 | 写 | 撮影:ジェレミ・ステラ | 2013年 | | | |
| 9 | 2階寝室 | 写 | 撮影:ジェレミ・ステラ | 2013年 | | | |
| 10 | 1階と中2階平面図 | 図 | | 2014年 | | | |
| 11 | 玄関階平面図 | 図 | | 2014年 | | | |
| 12 | 中2階平面図 | 図 | | 2014年 | | | |

| | 資料名 | 種別 | 制作者、撮影者 | 資料制作年、撮影年 | 素材、技法 | 資料寸法 | 資料所蔵者 |
|---|---|---|---|---|---|---|---|
| 13 | 中2階と2階平面図 | 図 | | 2014年 | | | |
| 14 | 東側立面図 | 図 | | 2014年 | | | |
| 15 | 南側立面図 | 図 | | 2014年 | | | |
| 16 | 南北断面図 | 図 | | 2014年 | | | |
| 17 | 東西断面図 | 図 | | 2014年 | | | |
| 18 | 「カタ邸」のためのドローイング | 平 | マニュエル・タルディッツ | | | 297×210 | 個人蔵 |
| 19 | 模型（1:50） | 模 | 制作：明治大学建築都市デザイン 国際プロフェッショナルコース | 2017年 | | | 個人蔵 |

## III-6. 鉄の家／2007／隈研吾（隈研吾建築都市設計事務所）

| | 資料名 | 種別 | 制作者、撮影者 | 資料制作年、撮影年 | 素材、技法 | 資料寸法 | 資料所蔵者 |
|---|---|---|---|---|---|---|---|
| 1 | 東側外観 | 写 | 撮影：ジェレミ・ステラ | 2013年 | | | |
| 2 | 玄関アプローチ | 写＊ | 撮影：ジェレミ・ステラ | 2013年 | | | |
| 3 | ガレージ | 写 | 撮影：ジェレミ・ステラ | 2013年 | | | |
| 4 | 玄関から茶室を見る | 写 | 撮影：ジェレミ・ステラ | 2013年 | | | |
| 5 | 坂の下から南東側を見上げる | 写 | 撮影：ジェレミ・ステラ | 2013年 | | | |
| 6 | 台所 | 写＊ | 撮影：ジェレミ・ステラ | 2013年 | | | |
| 7 | 茶室 | 写 | 撮影：ジェレミ・ステラ | 2013年 | | | |
| 8 | 坂に面した東側ファサード | 写＊ | 撮影：ジェレミ・ステラ | 2013年 | | | |
| 9 | ダイニングルームのコレクション棚 | 写 | 撮影：ジェレミ・ステラ | 2013年 | | | |
| 10 | 居間 | 写 | 撮影：ジェレミ・ステラ | 2013年 | | | |
| 11 | ダイニングルーム | 写＊ | 撮影：ジェレミ・ステラ | 2013年 | | | |
| 12 | ダイニングルーム | 写 | 撮影：ジェレミ・ステラ | 2013年 | | | |
| 13 | 1階平面図 | 図 | | 2014年 | | | |
| 14 | 2階平面図 | 図 | | 2014年 | | | |
| 15 | 3階平面図 | 図 | | 2014年 | | | |
| 16 | 南北断面図 | 図 | | 2014年 | | | |
| 17 | 「鉄の家」のためのドローイング | 平 | 隈研吾 | | | | 隈研吾建築都市設計事務所 |
| 18 | 模型（1:50） | 模 | 制作：隈研吾建築都市設計事務所 | 2017年 | 紙、プラスチック | 700×560 | 隈研吾建築都市設計事務所 |

| | 資料名 | 種別 | 制作者、撮影者 | 資料制作年、撮影年 | 素材、技法 | 資料寸法 | 資料所蔵者 |
|---|---|---|---|---|---|---|---|

## III-7. O邸／2009／中山英之（中山英之建築設計事務所）

| | 資料名 | 種別 | 制作者、撮影者 | 資料制作年、撮影年 | 素材、技法 | 資料寸法 | 資料所蔵者 |
|---|---|---|---|---|---|---|---|
| 1 | 北側外観、夜 | 写 | 撮影：ジェレミ・ステラ | 2013年 | | | |
| 2 | 西側からの鳥瞰 | 写 | 撮影：ジェレミ・ステラ | 2013年 | | | |
| 3 | 北側からの外観 | 写 | 撮影：ジェレミ・ステラ | 2013年 | | | |
| 4 | 北側外観 | 写 | 撮影：ジェレミ・ステラ | 2013年 | | | |
| 5 | ホールを見下ろす | 写 | 撮影：ジェレミ・ステラ | 2013年 | | | |
| 6 | 台所 | 写 | 撮影：ジェレミ・ステラ | 2013年 | | | |
| 7 | レベル差のある2階の寝室 | 写＊ | 撮影：ジェレミ・ステラ | 2013年 | | | |
| 8 | ホール | 写 | 撮影：ジェレミ・ステラ | 2013年 | | | |
| 9 | 勝手口 | 写 | 撮影：ジェレミ・ステラ | 2013年 | | | |
| 10 | 2階の子供部屋から1階を見下ろす | 写 | 撮影：ジェレミ・ステラ | 2013年 | | | |
| 11 | 1階平面図 | 図 | | 2014年 | | | |
| 12 | 2階平面図 | 図 | | 2014年 | | | |
| 13 | 東西断面図 | 図 | | 2014年 | | | |
| 14 | 東西断面図 | 図 | | 2014年 | | | |
| 15 | 南北断面図 | 図 | | 2014年 | | | |
| 16 | 「O邸」のためのドローイング | 平 | 中山英之 | | | | 中山英之建築設計事務所 |
| 17 | 模型（1:50） | 模 | 制作：中山英之建築設計事務所 | 2017年 | ミクスドメディア | 520×410×200 | 中山英之建築設計事務所 |

## III-8. 羽根木公園の家─景色の道／2011／坂 茂（坂茂建築設計）

| | 資料名 | 種別 | 制作者、撮影者 | 資料制作年、撮影年 | 素材、技法 | 資料寸法 | 資料所蔵者 |
|---|---|---|---|---|---|---|---|
| 1 | 西面窓から公園を見る | 写＊ | 撮影：ジェレミ・ステラ | 2013年 | | | |
| 2 | アトリエ | 写 | 撮影：ジェレミ・ステラ | 2013年 | | | |
| 3 | 洗面室とバスルーム | 写＊ | 撮影：ジェレミ・ステラ | 2013年 | | | |
| 4 | ダイニングルーム越しに道路を見る | 写 | 撮影：ジェレミ・ステラ | 2013年 | | | |
| 5 | 台所と窓 | 写 | 撮影：ジェレミ・ステラ | 2013年 | | | |
| 6 | 1階からアトリエを見る | 写＊ | 撮影：ジェレミ・ステラ | 2013年 | | | |
| 7 | 寝室 | 写＊ | 撮影：ジェレミ・ステラ | 2013年 | | | |
| 8 | 東側外観 | 写 | 撮影：ジェレミ・ステラ | 2013年 | | | |
| 9 | 居間の大窓 | 写 | 撮影：ジェレミ・ステラ | 2013年 | | | |
| 10 | 分解アイソメ図 | 図 | | 2014年 | | | |

| | 資料名 | 種別 | 制作者、撮影者 | 資料制作年、撮影年 | 素材、技法 | 資料寸法 | 資料所蔵者 |
|---|---|---|---|---|---|---|---|
| 11 | 南北断面図 | 図 | | 2014年 | | | |
| 12 | 東西断面図 | 図 | | 2014年 | | | |
| 13 | 1階平面図 | 図 | | 2014年 | | | |
| 14 | 2階平面図 | 図 | | 2014年 | | | |
| 15 | 地下1階平面図 | 図 | | 2014年 | | | |
| 16 | 「羽根木公園の家」のためのドローイング | 平 | 坂 茂 | | | | 坂茂建築設計 |
| 17 | 模型（1:50） | 模 | 坂茂建築設計 | 2011年 | | | 坂茂建築設計 |

### III-9. 駒沢の住宅／2011／長谷川豪（長谷川豪建築設計事務所）

| | 資料名 | 種別 | 制作者、撮影者 | 資料制作年、撮影年 | 素材、技法 | 資料寸法 | 資料所蔵者 |
|---|---|---|---|---|---|---|---|
| 1 | 2階書斎 | 写＊ | 撮影：ジェレミ・ステラ | 2013年 | | | |
| 2 | 東側外観 | 写 | 撮影：ジェレミ・ステラ | 2013年 | | | |
| 3 | リビングとルーバー状の2階床 | 写 | 撮影：ジェレミ・ステラ | 2013年 | | | |
| 4 | 階段室 | 写 | 撮影：ジェレミ・ステラ | 2013年 | | | |
| 5 | 2階寝室 | 写 | 撮影：ジェレミ・ステラ | 2013年 | | | |
| 6 | リビングを見下ろす | 写 | 撮影：ジェレミ・ステラ | 2013年 | | | |
| 7 | リビング | 写 | 撮影：ジェレミ・ステラ | 2013年 | | | |
| 8 | 書斎の天窓 | 写 | 撮影：ジェレミ・ステラ | 2013年 | | | |
| 9 | 2階書斎 | 写 | 撮影：ジェレミ・ステラ | 2013年 | | | |
| 10 | 南北断面図 | 図 | | 2014年 | | | |
| 11 | 1階平面図 | 図 | | 2014年 | | | |
| 12 | 2階平面図 | 図 | | 2014年 | | | |
| 13 | 模型（1:50） | 模 | 長谷川豪建築設計事務所 | 2017年 | | 177×154 | 長谷川豪建築設計事務所 |

### III-10. 切通しの家／2011／菅原大輔（SUGAWARADAISUKE）

| | 資料名 | 種別 | 制作者、撮影者 | 資料制作年、撮影年 | 素材、技法 | 資料寸法 | 資料所蔵者 |
|---|---|---|---|---|---|---|---|
| 1 | 玄関アプローチ | 写 | 撮影：ジェレミ・ステラ | 2013年 | | | |
| 2 | ダイニングルームから北側田園を見る | 写 | 撮影：ジェレミ・ステラ | 2013年 | | | |
| 3 | テラス | 写 | 撮影：ジェレミ・ステラ | 2013年 | | | |
| 4 | 北側テラス | 写 | 撮影：ジェレミ・ステラ | 2013年 | | | |
| 5 | テラスから北側田園を見る | 写 | 撮影：ジェレミ・ステラ | 2013年 | | | |
| 6 | 子供部屋 | 写 | 撮影：ジェレミ・ステラ | 2013年 | | | |

| | 資料名 | 種別 | 制作者、撮影者 | 資料制作年、撮影年 | 素材、技法 | 資料寸法 | 資料所蔵者 |
|---|---|---|---|---|---|---|---|
| 7 | 居間から玄関ホールを見る | 写* | 撮影：ジェレミ・ステラ | 2013年 | | | |
| 8 | 寝室収納と書斎デスク | 写 | 撮影：ジェレミ・ステラ | 2013年 | | | |
| 9 | 南側ファサード | 写 | 撮影：ジェレミ・ステラ | 2013年 | | | |
| 10 | 東西断面図 | 図 | | 2014年 | | | |
| 11 | 南立面 | 図 | | 2014年 | | | |
| 12 | 平面図 | 図 | | 2014年 | | | |
| 13 | 「切通しの家」のためのドローイング | 平 | 菅原大輔 | | | 560×870 | SUGAWARADAISUKE |
| 14 | 素材の陰影模型—切通しの家（1:50） | 模 | 制作：SUGAWARADAISUKE | 2017年 | ミクスドメディア | | SUGAWARADAISUKE |

## III-11．材木座の家／2012／柳澤潤（コンテンポラリーズ）

| | 資料名 | 種別 | 制作者、撮影者 | 資料制作年、撮影年 | 素材、技法 | 資料寸法 | 資料所蔵者 |
|---|---|---|---|---|---|---|---|
| 1 | 玄関のピロティ | 写 | 撮影：ジェレミ・ステラ | 2013年 | | | |
| 2 | 台所 | 写 | 撮影：ジェレミ・ステラ | 2013年 | | | |
| 3 | ダイニングルーム | 写 | 撮影：ジェレミ・ステラ | 2013年 | | | |
| 4 | 1階和室 | 写 | 撮影：ジェレミ・ステラ | 2013年 | | | |
| 5 | 居間 | 写 | 撮影：ジェレミ・ステラ | 2013年 | | | |
| 6 | 海をのぞむ西側の眺望 | 写* | 撮影：ジェレミ・ステラ | 2013年 | | | |
| 7 | 玄関ホール | 写 | 撮影：ジェレミ・ステラ | 2013年 | | | |
| 8 | 北西側の寺と墓地を見る | 写* | 撮影：ジェレミ・ステラ | 2013年 | | | |
| 9 | 北西側ファサード | 写 | 撮影：ジェレミ・ステラ | 2013年 | | | |
| 10 | 南東−北西断面図 | 図 | | 2014年 | | | |
| 11 | 南東−北西断面図 | 図 | | 2014年 | | | |
| 12 | 1階平面図 | 図 | | 2014年 | | | |
| 13 | 2階平面図 | 図 | | 2014年 | | | |
| 14 | 地下平面図 | 図 | | 2014年 | | | |
| 15 | 「材木座の家」のためのドローイング | 平 | 柳澤潤 | | | | コンテンポラリーズ |
| 16 | 模型（1:50） | 模 | 制作：コンテンポラリーズ | 2017年 | | | コンテンポラリーズ |

## III-12．リポジトリ／2012／五十嵐淳（五十嵐淳建築設計事務所）

| | 資料名 | 種別 | 制作者、撮影者 | 資料制作年、撮影年 | 素材、技法 | 資料寸法 | 資料所蔵者 |
|---|---|---|---|---|---|---|---|
| 1 | 寝室 | 写 | 撮影：ジェレミ・ステラ | 2014年 | | | |
| 2 | 寝室内のらせん階段 | 写* | 撮影：ジェレミ・ステラ | 2014年 | | | |

| | 資料名 | 種別 | 制作者、撮影者 | 資料制作年、撮影年 | 素材、技法 | 資料寸法 | 資料所蔵者 |
|---|---|---|---|---|---|---|---|
| 3 | 寝室ごしに洗面室を見る | 写 | 撮影：ジェレミ・ステラ | 2014年 | | | |
| 4 | エントランス周り壁面 | 写 | 撮影：ジェレミ・ステラ | 2014年 | | | |
| 5 | 両側のカーテンを閉めた洗面室 | 写 | 撮影：ジェレミ・ステラ | 2014年 | | | |
| 6 | 片側のカーテンを閉めた洗面室 | 写 | 撮影：ジェレミ・ステラ | 2014年 | | | |
| 7 | 洗面室 | 写＊ | 撮影：ジェレミ・ステラ | 2014年 | | | |
| 8 | 寝室内のらせん階段から洗面室を見る | 写 | 撮影：ジェレミ・ステラ | 2014年 | | | |
| 9 | ダイニングルームから台所横のらせん階段を見る | 写 | 撮影：ジェレミ・ステラ | 2014年 | | | |
| 10 | 北東側外観 | 写 | 撮影：ジェレミ・ステラ | 2014年 | | | |
| 11 | 南西側外観 | 写 | 撮影：ジェレミ・ステラ | 2014年 | | | |
| 参考写真 | 台所から収納室への扉 | 写 | 撮影：ジェレミ・ステラ | 2014年 | | | |
| 12 | 南西-北東断面図 | 図 | | 2014年 | | | |
| 13 | 南東-北西断面図 | 図 | | 2014年 | | | |
| 14 | 1階平面図 | 図 | | 2014年 | | | |
| 15 | 「リポジトリ」のためのドローイング | 平 | 五十嵐淳 | | | | 五十嵐淳建築設計事務所 |
| 16 | 模型（1:50） | 模 | 制作：明治大学建築都市デザイン 国際プロフェッショナルコース | 2017年 | | | |

## III-13. 鎌倉の家／2012／みかんぐみ

| | 資料名 | 種別 | 制作者、撮影者 | 資料制作年、撮影年 | 素材、技法 | 資料寸法 | 資料所蔵者 |
|---|---|---|---|---|---|---|---|
| 1 | 吹き抜けごしに2階寝室を見上げる | 写＊ | 撮影：ジェレミ・ステラ | 2013年 | | | |
| 2 | 東側外観 | 写 | 撮影：ジェレミ・ステラ | 2013年 | | | |
| 3 | 居間内観 | 写 | 撮影：ジェレミ・ステラ | 2013年 | | | |
| 4 | 西側外観 | 写 | 撮影：ジェレミ・ステラ | 2013年 | | | |
| 5 | 寝室と窓からの眺望 | 写 | 撮影：ジェレミ・ステラ | 2013年 | | | |
| 6 | アトリエ | 写 | 撮影：ジェレミ・ステラ | 2013年 | | | |
| 7 | 事務室 | 写 | 撮影：ジェレミ・ステラ | 2013年 | | | |
| 8 | 吹き抜けから居間を見下ろす | 写 | 撮影：ジェレミ・ステラ | 2013年 | | | |
| 9 | 西側のテラス | 写 | 撮影：ジェレミ・ステラ | 2013年 | | | |

| | 資料名 | 種別 | 制作者、撮影者 | 資料制作年、撮影年 | 素材、技法 | 資料寸法 | 資料所蔵者 |
|---|---|---|---|---|---|---|---|
| 10 | 2階と中2階平面 | 図 | | 2014年 | | | |
| 11 | 1階平面と中1階平面 | 図 | | 2014年 | | | |
| 12 | 東西断面図 | 図 | | 2014年 | | | |
| 13 | 南北断面図 | 図 | | 2014年 | | | |
| 14 | 南立面図 | 図 | | 2014年 | | | |
| 15 | 東立面図 | 図 | | 2014年 | | | |
| 16 | 「鎌倉の家」のためのドローイング | 平 | マニュエル・タルディッツ | | | 210×297 | みかんぐみ |
| 17 | 模型（1:50） | 模 | 制作：明治大学建築都市デザイン国際プロフェッショナルコース | 2017年 | | | みかんぐみ |

## III-14．大きなすきまのある生活／2012／西田司＋萬玉直子（オンデザインパートナーズ）

| | 資料名 | 種別 | 制作者、撮影者 | 資料制作年、撮影年 | 素材、技法 | 資料寸法 | 資料所蔵者 |
|---|---|---|---|---|---|---|---|
| 1 | 3階居室 | 写＊ | 撮影：ジェレミ・ステラ | 2013年 | | | |
| 2 | 東南側外観 | 写 | 撮影：ジェレミ・ステラ | 2013年 | | | |
| 3 | 階段棟と居住棟のあいだのすきま | 写 | 撮影：ジェレミ・ステラ | 2013年 | | | |
| 4 | 3階居室 | 写＊ | 撮影：ジェレミ・ステラ | 2013年 | | | |
| 5 | 階段室 | 写＊ | 撮影：ジェレミ・ステラ | 2013年 | | | |
| 6 | 浴室 | 写 | 撮影：ジェレミ・ステラ | 2013年 | | | |
| 7 | 東南側外観 | 写＊ | 撮影：ジェレミ・ステラ | 2013年 | | | |
| 8 | 居室からの眺め | 写 | 撮影：ジェレミ・ステラ | 2013年 | | | |
| 9 | 東南側からの鳥瞰 | 写＊ | 撮影：ジェレミ・ステラ | 2013年 | | | |
| 10 | 階段室 | 写 | 撮影：ジェレミ・ステラ | 2013年 | | | |
| 11 | 台所とダイニングルーム | 写 | 撮影：ジェレミ・ステラ | 2013年 | | | |
| 12 | 南西ー北東断面図 | 図 | | 2014年 | | | |
| 13 | 階段棟断面図 | 図 | | 2014年 | | | |
| 14 | 居住棟断面図 | 図 | | 2014年 | | | |
| 15 | 1階平面図 | 図 | | 2014年 | | | |
| 16 | 2階平面図 | 図 | | 2014年 | | | |
| 17 | 3階平面図 | 図 | | 2014年 | | | |
| 18 | 「大きなすきまのある生活」のためのドローイング | 平 | オンデザインパートナーズ | | | | オンデザインパートナーズ |

| | 資料名 | 種別 | 制作者、撮影者 | 資料制作年、撮影年 | 素材、技法 | 資料寸法 | 資料所蔵者 |
|---|---|---|---|---|---|---|---|
| 19 | 模型（1:50） | 模 | 制作：オンデザインパートナーズ | 2017年 | | | オンデザインパートナーズ |

## III-15. バウンダリー・ハウス／2012／山下保博（アトリエ・天工人）

| | 資料名 | 種別 | 制作者、撮影者 | 資料制作年、撮影年 | 素材、技法 | 資料寸法 | 資料所蔵者 |
|---|---|---|---|---|---|---|---|
| 1 | 道路から東側角を見る | 写 | 撮影：ジェレミ・ステラ | 2013年 | | | |
| 2 | うち庭2から空を見上げる | 写 | 撮影：ジェレミ・ステラ | 2013年 | | | |
| 3 | 玄関のアプローチ | 写 | 撮影：ジェレミ・ステラ | 2013年 | | | |
| 4 | 屋上 | 写 | 撮影：ジェレミ・ステラ | 2013年 | | | |
| 5 | 居間からうち庭1を見る | 写 | 撮影：ジェレミ・ステラ | 2013年 | | | |
| 6 | 屋上から北側の眺め | 写 | 撮影：ジェレミ・ステラ | 2013年 | | | |
| 7 | 寝室 | 写 | 撮影：ジェレミ・ステラ | 2013年 | | | |
| 8 | 南西側外観 | 写 | 撮影：ジェレミ・ステラ | 2013年 | | | |
| 9 | うち庭1を見下ろす | 写 | 撮影：ジェレミ・ステラ | 2013年 | | | |
| 参考写真 | うち庭2から隣の敷地を見る | 写 | 撮影：ジェレミ・ステラ | 2013年 | | | |
| 10 | アクソメ図 | 図 | | 2014年 | | | |
| 11 | 北西-南東断面図 | 図 | | 2014年 | | | |
| 12 | 平面図 | 図 | | 2014年 | | | |
| 13 | 「バウンダリー・ハウス」のためのドローイング | 平 | 山下保博 | | | 297×210 | アトリエ・天工人 |
| 14 | 模型（1:50） | 模 | 制作：アトリエ・天工人 | 2017年 | | | アトリエ・天工人 |

## III-16. デッキの家／2012／手塚貴晴＋手塚由比（手塚建築研究所）

| | 資料名 | 種別 | 制作者、撮影者 | 資料制作年、撮影年 | 素材、技法 | 資料寸法 | 資料所蔵者 |
|---|---|---|---|---|---|---|---|
| 1 | 北側外観 | 写 | 撮影：ジェレミ・ステラ | 2013年 | | | |
| 2 | 室内よりデッキをのぞむ | 写 | 撮影：ジェレミ・ステラ | 2013年 | | | |
| 3 | 2階ダイニングルーム | 写＊ | 撮影：ジェレミ・ステラ | 2013年 | | | |
| 4 | 2階ダイニングルームと居間 | 写 | 撮影：ジェレミ・ステラ | 2013年 | | | |
| 5 | デッキから室内をのぞむ | 写 | 撮影：ジェレミ・ステラ | 2013年 | | | |
| 6 | 公園越しに見た南側外観 | 写＊ | 撮影：ジェレミ・ステラ | 2013年 | | | |
| 7 | 3階屋上 | 写＊ | 撮影：ジェレミ・ステラ | 2013年 | | | |
| 8 | 南側外観とデッキ | 写 | 撮影：ジェレミ・ステラ | 2013年 | | | |
| 9 | 書斎 | 写 | 撮影：ジェレミ・ステラ | 2013年 | | | |

| | 資料名 | 種別 | 制作者、撮影者 | 資料制作年、撮影年 | 素材、技法 | 資料寸法 | 資料所蔵者 |
|---|---|---|---|---|---|---|---|
| 10 | 子供部屋 | 写 | 撮影:ジェレミ・ステラ | 2013年 | | | |
| 11 | 北側窓の前の棚と階段 | 写 | 撮影:ジェレミ・ステラ | 2013年 | | | |
| 12 | 書斎と洗面室、風呂場 | 写 | 撮影:ジェレミ・ステラ | 2013年 | | | |
| 13 | 南北断面図 | 図 | | 2014年 | | | |
| 14 | 1階平面図 | 図 | | 2014年 | | | |
| 15 | 2階平面図 | 図 | | 2014年 | | | |
| 16 | 「デッキの家」のためのドローイング | 平 | 手塚貴晴+手塚由比 | 2012年 | トレーシングペーパーにペン | 297×420 | 手塚建築研究所 |
| 17 | 模型(1:50) | 模 | 制作:手塚建築研究所 | 2017年 | スチレンペーパー、バルサ | 560×770 | 手塚建築研究所 |

## III-17. +node／2012／前田圭介(UID)

| | 資料名 | 種別 | 制作者、撮影者 | 資料制作年、撮影年 | 素材、技法 | 資料寸法 | 資料所蔵者 |
|---|---|---|---|---|---|---|---|
| 1 | 西側外観を斜面下から見上げる | 写 | 撮影:ジェレミ・ステラ | 2013年 | | | |
| 2 | 東側外観と屋上 | 写 | | 2014年 | | | |
| 3 | 台所から窓側を見る | 写 | 撮影:ジェレミ・ステラ | 2013年 | | | |
| 4 | 西側外観 | 写 | 撮影:ジェレミ・ステラ | 2013年 | | | |
| 5 | 北東から玄関アプローチをのぞむ | 写* | 撮影:ジェレミ・ステラ | 2013年 | | | |
| 6 | ダイニングルーム | 写 | 撮影:ジェレミ・ステラ | 2013年 | | | |
| 7 | 南側外観を見上げる | 写 | 撮影:ジェレミ・ステラ | 2013年 | | | |
| 8 | 寝室 | 写 | 撮影:ジェレミ・ステラ | 2013年 | | | |
| 9 | 居間 | 写 | 撮影:ジェレミ・ステラ | 2013年 | | | |
| 10 | ダイニングルームと台所 | 写 | 撮影:ジェレミ・ステラ | 2013年 | | | |
| 11 | 南側の窓からの眺め | 写 | 撮影:ジェレミ・ステラ | 2013年 | | | |
| 参考写真 | 浴室 | 写 | 撮影:ジェレミ・ステラ | 2013年 | | | |
| 12 | 南北断面図 | 図 | | 2014年 | | | |
| 13 | 1階平面図 | 図 | | 2014年 | | | |
| 14 | 地下1階平面図 | 図 | | 2014年 | | | |
| 15 | アクソメ図 | 図 | | 2014年 | | | |
| 16 | 「+ノード」のためのドローイング | 平 | 前田圭介 | | | | UID |
| 17 | 模型(1:50) | 模 | 制作:UID | 2017年 | | | UID |

|   | 資料名 | 種別 | 制作者、撮影者 | 資料制作年、撮影年 | 素材、技法 | 資料寸法 | 資料所蔵者 |
|---|---|---|---|---|---|---|---|

### III-18. 光の郭／2013／川本敦史＋川本まゆみ（エムエースタイル建築計画）

|   | 資料名 | 種別 | 制作者、撮影者 | 資料制作年、撮影年 | 素材、技法 | 資料寸法 | 資料所蔵者 |
|---|---|---|---|---|---|---|---|
| 1 | 暮らしを包む光の郭 | 写 | 撮影：ジェレミ・ステラ | 2014年 | | | |
| 2 | 書斎 | 写 | 撮影：ジェレミ・ステラ | 2014年 | | | |
| 3 | 白い箱のなかの寝室 | 写＊ | 撮影：ジェレミ・ステラ | 2014年 | | | |
| 4 | 庭へと通り抜けられる土間 | 写 | 撮影：ジェレミ・ステラ | 2014年 | | | |
| 5 | 玄関土間 | 写 | 撮影：ジェレミ・ステラ | 2014年 | | | |
| 6 | 居間 | 写＊ | 撮影：ジェレミ・ステラ | 2014年 | | | |
| 7 | 西側外観と庭 | 写 | 撮影：ジェレミ・ステラ | 2014年 | | | |
| 8 | 東側外観と玄関アプローチ | 写 | 撮影：ジェレミ・ステラ | 2014年 | | | |
| 9 | 光の透過を示したアクソメ図 | 図 | | 2014年 | | | |
| 10 | 1階平面図 | 図 | | 2014年 | | | |
| 11 | 2階平面図 | 図 | | 2014年 | | | |
| 12 | 南北断面図 | 図 | | 2014年 | | | |
| 13 | 東西断面図 | 図 | | 2014年 | | | |
| 14 | 「光の郭」のためのドローイング | 平 | 川本敦史＋川本まゆみ | | | | エムエースタイル建築計画 |
| 15 | 模型（1：50） | 模 | 制作：エムエースタイル建築計画 | 2017年 | | | エムエースタイル建築計画 |

### III-19. 千葉の家／2013／谷尻誠＋吉田愛（SUPPOSE DESIGN OFFICE）

|   | 資料名 | 種別 | 制作者、撮影者 | 資料制作年、撮影年 | 素材、技法 | 資料寸法 | 資料所蔵者 |
|---|---|---|---|---|---|---|---|
| 1 | 西の庭ごしにダイニングを見る | 写＊ | 撮影：ジェレミ・ステラ | 2014年 | | | |
| 2 | 2階寝室 | 写 | 撮影：ジェレミ・ステラ | 2014年 | | | |
| 3 | 玄関室内観 | 写 | 撮影：ジェレミ・ステラ | 2014年 | | | |
| 4 | 居間吹き抜け | 写 | 撮影：ジェレミ・ステラ | 2014年 | | | |
| 5 | 東側外観 | 写＊ | 撮影：ジェレミ・ステラ | 2014年 | | | |
| 6 | 南側外観 | 写＊ | 撮影：ジェレミ・ステラ | 2014年 | | | |
| 7 | ダイニングルーム越しに庭を見る | 写 | 撮影：ジェレミ・ステラ | 2014年 | | | |
| 8 | ダイニングルーム | 写 | 撮影：ジェレミ・ステラ | 2014年 | | | |
| 9 | 玄関アプローチ | 写 | 撮影：ジェレミ・ステラ | 2014年 | | | |
| 10 | 枯山水の庭 | 写 | 撮影：ジェレミ・ステラ | 2014年 | | | |

| | 資料名 | 種別 | 制作者、撮影者 | 資料制作年、撮影年 | 素材、技法 | 資料寸法 | 資料所蔵者 |
|---|---|---|---|---|---|---|---|
| 参考写真 | 階段室 | 写 | 撮影：ジェレミ・ステラ | 2014年 | | | |
| 11 | 南北断面図 | 図 | | 2014年 | | | |
| 12 | 1階平面図 | 図 | | 2014年 | | | |
| 13 | 2階平面図 | 図 | | 2014年 | | | |
| 14 | 「千葉の家」のためのドローイング | 平 | 谷尻誠＋吉田愛 | | | | SUPPOSE DESIGN OFFICE |
| 15 | 模型（1:50） | 模 | 制作：明治大学建築都市デザイン 国際プロフェッショナルコース | 2017年 | | | |

## III-20. 窓の家／2013／吉村靖孝（吉村靖孝建築設計事務所）

| | 資料名 | 種別 | 制作者、撮影者 | 資料制作年、撮影年 | 素材、技法 | 資料寸法 | 資料所蔵者 |
|---|---|---|---|---|---|---|---|
| 1 | 窓ごしに太平洋をのぞむ | 写＊ | 撮影：ジェレミ・ステラ | 2013年 | | | |
| 2 | 砂浜ごしに西側外観を見る | 写 | 撮影：ジェレミ・ステラ | 2013年 | | | |
| 3 | 寝室から居間を見下ろす | 写 | 撮影：ジェレミ・ステラ | 2013年 | | | |
| 4 | ダイニングルームと台所 | 写 | 撮影：ジェレミ・ステラ | 2013年 | | | |
| 5 | 海岸通りと東側外観 | 写 | 撮影：ジェレミ・ステラ | 2013年 | | | |
| 6 | 西側外観 | 写＊ | 撮影：ジェレミ・ステラ | 2013年 | | | |
| 7 | 東側外観、夜 | 写 | 撮影：ジェレミ・ステラ | 2013年 | | | |
| 8 | 居間 | 写 | 撮影：ジェレミ・ステラ | 2013年 | | | |
| 9 | 東立面図 | 図 | | 2014年 | | | |
| 10 | 南立面図 | 図 | | 2014年 | | | |
| 11 | 1階平面図 | 図 | | 2014年 | | | |
| 12 | 2階平面図 | 図 | | 2014年 | | | |
| 13 | 中2階平面図 | 図 | | 2014年 | | | |
| 14 | 南北断面図 | 図 | | 2014年 | | | |
| 15 | 東西断面図 | 図 | | 2014年 | | | |
| 16 | 「窓の家」のためのドローイング | 平 | 吉村靖孝 | | | | 吉村靖孝建築設計事務所 |
| 17 | 模型（1:50） | 模 | 制作：吉村靖孝建築設計事務所 | 2017年 | 紙、スチレンボード | 560×870 | 吉村靖孝建築設計事務所 |

## 映像の家

| 資料名 | 分類 | 制作者、撮影者 | 竣工年、撮影年 | 素材、技法 | 資料寸法 | 資料所蔵者 |
| --- | --- | --- | --- | --- | --- | --- |
| 今の家の映像 | 映* | ジェレミ・ステラ | 2013年 | | | |

# 出展者略歴

## 企画協力

**ヴェロニック・ウルス（Véronique HOURS）**
フランス、カナダの建築家。パリ、サンディエゴ（チリ）在住。2008年にファビアン・モデュイとともに、建築・ランドスケープ・アートにまたがる領域横断的なクリエーションを促進する集団A.P.ARTsを結成。2013年には個人住宅に関する研究調査で日本を訪れた。www.a-p-arts.com

**ジェレミ・ステラ（Jérémie SOUTEYRAT）**
写真家。東京在住。欧米メディア（Le Monde, Libération, Wall Street Journal, Der Spiegelなど）をクライアントに仕事を行い、人間にフォーカスしたドキュメンタリー写真を発表している。作品は数々の国際写真祭（New York Photo Festival、Tokyo Photo、Voies Offなど）に出展されている。

**マニュエル・タルディッツ（Manuel TARDITS）**
建築家。東京在住。明治大学大学院特任教授、ICSカレッジオブアーツ講師。また建築家として、横浜にある設計事務所・みかんぐみの共同代表を務める。アーキラボ2006（Archilab2006）の「都市に棲む（Faire son nid dans la ville）」や世界建築大会2011（UIA 2011）の「東京2050／12の都市ヴィジョン（12 Visions for the Metropolis）」をはじめ様々な展覧会で作品を発表している。著書に『東京断想』（鹿島出版会、2014）。

**ファビアン・モデュイ（Fabien Mauduit）**
建築家。パリ、サンディエゴ（チリ）在住。A.P.ARTsの共同設立者であり、さまざまテーマや規模のプロジェクトを組織し、近現代建築に関する研究を重ねている。
www.a-p-arts.com

## メッセージ

**マリア・ジュゼッピーナ・グラッソ・カンニッツォ（Maria Giuseppina GRASSO CANNIZZO）**
1952年生。建築家。サピエンツァ大学（ローマ）卒業。歴史的建築の修復、住宅および集合住宅を中心に1986年よりシチリアを本拠に活動。代表作に《Cafhè Mangiarebere》(Catania, Italy, 2001)、《the house FCN》(Noto, Italy, 2011)など。

**フレデリック・エデルマン（FRÉDÉRIC EDELMANN）**
1951年生。ジャーナリスト。1977年ル・モンドに入社、1979年よりル・モンド紙の編集委員。専門は建築評論、都市、文化遺産、特に中国の現代建築。建築アカデミー会員。共著に Positions, une nouvelle génération d'architectes chinois, Cité de l'architecture et du Patrimoine (ACTAR, 2008)、Louis Vuitton : Architecture et intérieurs (Éditions de la Martinière, 2011)など。

**トマス・ダニエル（Thomas DANIELL）**
1967年生。建築家。聖ヨゼフ大学（マカオ）建築学科主任教授。ビクトリア大学（ニュージーランド）建築学部卒業。京都大学工学部で修士号。ロイヤルメルボルン工科大学（オーストラリア）で博士号取得。高松伸建築設計事務所、Athfield Architects OMA（オランダ）、FOBA（京都）などを経て、2005年福岡市にThomas Daniell Architects設立。代表作に《House in Hiedaira》(滋賀県、2009)。

**ヴァレリオ・オルジアティ（Valerio OLGIATI）**
1958年生。建築家。チューリッヒ工科大学（ETH）で建築を学ぶ。2002年よりスイス・イタリアーナ大学（スイス）建築学科の教授。2008年よりフリムス（スイス）に事務所を置く。代表作に《School Building Paspels》(Paspels, Switzerland, 1998)、《Museum The Yellow House》(Flims, Switzerland, 1999)、《PermMUseumXXI》(Perm, Russia, 2008)など。

#### ヘラ・ファン・サンデ（Hera Van SANDE）
1969年生。建築家。ゲント大学（ベルギー）建築・都市計画学部卒業。1999年にBDPアーキテクツを設立。代表作［ロラン・リフォーゲと共作］に《Museum Donkmeer in Berlare》（Donklaan,Belgium, 2006）など。

#### フランク・サラマ（Frank SALAMA）
1969年生。建築家。ベルヴィル大学（パリ）にて建築士国家資格を取得。リール建築・景観大学（フランス）非常勤講師。1994年よりパリに事務所を構える。代表作に《Maison CHA》(Le Vésinet,France, 2012)、《Maison KYO》(Montreuil,France, 2012)、《Construction de 28 logements》(Ilot Villiot-Rapée Paris, France, 2012)

## 昨日の家（作品掲載順［以下同]）

#### アントニン・レーモンド（Antonin Raymond）
1888年クラドノ、ボヘミア（現・チェコ）生、1980年ニューホープ、アメリカにて没。1910年プラハ工科大学を卒業し、同年渡米、カス・ギルバードの設計事務所を経て、1916年フランク・ロイド・ライトの下で働く。1919年ライトとともに、帝国ホテル建築のために来日。第二次世界大戦前後の約10年をのぞいて長らく日本を拠点として設計活動を行い、日本における近代建築の成立に貢献した。代表作に《東京女子大学チャペル・講堂》(1937)、《リーダーズ・ダイジェスト東京本社》(1951)、《群馬音楽センター》(1961)、《南山大学総合計画》(1964)など。著書に『私と日本建築』(鹿島出版会、1967)、『自伝アントニン・レーモンド』(鹿島研究所出版会、1970)など。

#### 前川國男（まえかわ・くにお）
1905年生、1986年没。東京帝国大学（現・東京大学）卒業と同時に渡仏。ル・コルビュジエの事務所に2年間在籍。帰国後、レーモンド事務所勤務を経て、1935年独立。日本建築学会賞6回、同大賞、1934年日本芸術院賞など受賞。代表作に《紀伊國屋書店》(1947)、《日本相互銀行本店》(1952)、《京都会館》(1960)《東京文化会館》(1961)、《東京海上ビルディング本館》(1974)、《東京都美術館》(1975)、《西洋美術館新館》(1979)など。戦後、影響力のある建築をつくり続けるとともに日本建築家協会の会長を務めるなど、建築家の職能確立に尽力した。著書に、『建築の前夜──前川國男文集』(而立書房、1996)、『建築家の信條』(晶文社、1981)など。

## 清家 清（せいけ・きよし）

1918年生、2005年没。1941年東京美術学校（現・東京藝術大学）卒業、1943年東京工業大学卒業。1962年東京工業大学教授（のちに同大学名誉教授）、1977年東京芸術大学教授を併任。1968年デザイン・システム設立。1981年日本建築学会会長。1989年東京建築士会会長。1983年 紫綬褒章、1989年 勲二等瑞宝章受章。1991年日本建築学会大賞受賞。《森博士の家》(1951)や《私の家》(1954)に始まる、日本の伝統建築における空間の連続性などを戦後復興期にとりいれた一連の住宅作品のほか、《九州工業大学記念講堂》(1960)、《小原流家元会館》(1962、現・豊雲記念館)ほかが代表作として知られる。著書に『家相の科学』(光文社、1969)、『やすらぎの住居学』(情報センター出版局、1984)など。

## 丹下健三（たんげ・けんぞう）

1913年生、2005年没。1946年東京大学大学院修了。1961年丹下健三都市建築設計研究所を設立。1963年東京大学教授に就任。日本建築学会賞(作品)を1954年《愛媛県民館》、1965年日本建築学会特別賞を《国立屋内総合競技場》で、1986年日本建築学会大賞を受賞。1980年文化勲章受章。1987年プリツカー建築賞受賞。1987年新日本建築家協会（現・社団法人日本建築家協会）初代会長。1994年勲一等瑞宝章受章。1996年フランス芸術勲章（コマンドゥール）受章。代表作に《広島ピースセンター》(1953)、《香川県庁舎》(1958)、《東京カテドラル聖マリア聖堂》(1964)、《国立オリンピック競技場》(1964)など。都市的観点から構想された総合的な建築計画を国内外で多数実現し、戦後日本の現代建築の確立とその国際的な発展に貢献した。著書に『人間と建築』(彰国社、1970)など。

## 菊竹清訓（きくたけ・きよのり）

1928年生、2011年没。早稲田大学理工学部建築学科卒業。竹中工務店を経て村野・森建築設計事務所勤務。1953年菊竹清訓建築設計事務所を設立。千葉工業大学教授、早稲田大学理工学総合研究センター客員教授を歴任。1996年勲三等旭日中綬章受章。《出雲大社庁の舎》で、1963年日本建築学会賞(作品)、1964年芸術選奨文部大臣賞、第7回汎太平洋賞（アメリカ建築家協会）を受賞。1970年日本建築学会特別賞を《日本万国博覧会ランドマークタワー》で受賞。ほか代表作に《江戸東京博物館》(1992)、《九州国立博物館》(2004)など。1960年代から70年代にかけて建築と都市の代謝を提案するメタボリズム運動を推進。著作に『代謝建築論 か・かた・かたち』(彰国社、1969)、『海上都市』(鹿島研究所出版会、1973)、『メガストラクチャー』(編著、早稲田大学出版部、1995)など。

## 吉田五十八（よしだ・いそや）

1894年生、1974年没。東京美術学校（現・東京藝術大学）卒業。同年、吉田建築事務所を設立。1946年東京美術学校教授。1952年日本芸術院賞を受賞し1954年日本芸術院会員。1964年文化勲章受章。1968年アメリカ建築家協会名誉会員。1974年勲一等瑞宝章受章。アトリエ、邸宅、料亭を多数手がけながら、東京歌舞伎座の改築(1951)、《明治座》(1958)、《日本芸術院会館》(1958)、《五島美術館》(1960)、《大和文華館》(1960)などを設計。日本の伝統建築である数寄屋建築を独自の和風の意匠として近代化した。没後吉田五十八賞が創設され、全18回におよぶ建築の授章を行った。主な著書に『饒舌抄』(新建築社、1980)など。

## 篠原一男（しのはら・かずお）

1925年生、2006年没。東京工業大学建築学科卒業。1970年同大学教授。イェール大学（アメリカ）客員教授、ウィーン工科大学（オーストリア）客員教授を歴任。1972年日本建築学会賞（作品）を《未完の家》以降の一連の住宅作品で受賞。1989年芸術選奨文部大臣賞、1997年毎日芸術賞特別賞、2005年日本建築学会大賞を受賞。2000年旭日中受賞勲三等綬章受章。住宅作品を中心とする前衛的な建築作品を一貫して手がけたほか、《東京工業大学百年記念館》(1987)、《熊本北警察署》(1990) などの代表作がある。著書に『住宅論』（鹿島出版会、1970）、『篠原一男』（TOTO出版、1996）、『篠原一男経由　東京発東京論』（鹿島出版会、2001）、『アフォリズム・篠原一男の空間言説』（鹿島出版会、2004）など。

## 石山修武（いしやま・おさむ）

1944年生。早稲田大学大学院修了。1968年設計事務所設立（現・スタジオGAYA）。1988年早稲田大学教授（現・早稲田大学名誉教授）。同年DAM-DAN設立。1985年吉田五十八賞を《伊豆長八美術館》で受賞。1995年日本建築学会賞（作品）を《リアス・アーク美術館》で受賞。1996年ヴェネツィア・ビエンナーレ建築展日本館展示に参加し《瓦礫の散乱する廃墟》で金獅子賞を受賞。社会状況をふまえ、技術や流通の新しい関わりのなかで建築を捉えなおした前衛的な取り組みを続けている。著書に『現代の職人』（晶文社、1991）『笑う住宅』（ちくま書房、1986）『生きのびるための建築』（NTT出版、2010）など。

## 東　孝光（あずま・たかみつ）

1933年生、2015年没。大阪大学工学部構築工学科卒業。1960年坂倉建築研究所入所。同所で新宿駅西口地下広場の設計を担当する。1966年に自邸《塔の家》完成、都心の狭小敷地に打ち放しコンクリートで建てられた、地上5階・地下1階の塔状都市型住宅は多くの後発に影響を与えた。1966年独立後、1968年東孝光建築研究所設立。1985年より大阪大学教授、1997年より千葉工業大学教授を歴任。1995年に日本建築学会賞受賞。代表作に《ワット・ハウス》(1977)、《阿佐ヶ谷の家》(1993) など。著書に『「塔の家」白書――6坪に住んだ20年』（住まいの図書館出版局、1988）、『都市・住宅論』（鹿島出版会、1998）など。

## 安藤忠雄（あんどう・ただお）

1941年生。独学で建築を学ぶ。1969年安藤忠雄建築研究所設立。イェール大学、コロンビア大学、ハーヴァード大学客員教授歴任、1997年東京大学教授、現在名誉教授。1979年日本建築学会賞（作品）を《住吉の長屋》で受賞。1993年日本芸術院賞。1995年プリツカー建築賞。2005年国際建築家連合 (UIA) ゴールドメダルを受賞など国内外で受賞多数。2003年文化功労者。2010年文化勲章受章。代表作に《六甲の集合住宅》(1983)、《光の教会》(1989)、《大阪府立近つ飛鳥博物館》(1994)、《淡路夢舞台》(2000)、《FABRICA（ベネトンアートスクール）》（イタリア、2000）、《フォートワース現代美術館》（アメリカ、2002）など。環境との関わりのなかで新しい建築のあり方を模索し世界的に活躍する。著書に『建築を語る』（東京大学出版会、1999）『連戦連敗』（東京大学出版会、2001）『建築家　安藤忠雄』（新潮社、2008）、『仕事をつくる』（日本経済新聞出版社、2012）など。

## 山本理顕（やまもと・りけん）

1945年生。日本大学理工学部建築学科卒業、1971年東京藝術大学大学院修了。1973年山本理顕設計工場設立。2002年から2011年横浜国立大学教授、現在横浜国立大学客員教授。1987年日本建築学会賞（作品）を《GAZEBO》《ROTUNDA》で受賞。1998年毎日芸術賞を《岩出山中学校》で受賞。2001年日本芸術院賞を《埼玉県立大学》で受賞。2002年日本建築学会賞（作品）を《公立はこだて未来大学》で受賞。2009年、日本建築家協会賞を《横須賀美術館》で受賞。住宅から公共建築まで、建築が自らの建つ地域に対してどのように「開く」のかということを共通のテーマとしている。著書に『地域社会圏主義』（LIXIL出版、2012）、『権力の空間／空間の権力』（講談社メチエ、2015）など。

## 坂本一成（さかもと・かずなり）

1943年生。東京工業大学卒業、1983年工学博士の学位取得。1971年アトリエ・ハウス10設立（現・アトリエ・アンド・アイ）。1991年同大学教授を経て現在同大学名誉教授。1990年日本建築学会賞（作品）を《House F》で受賞、1992年村野藤吾賞を《コモンシティ星田》で受賞。2013年日本建築学会著作賞を『建築に内在する言葉』で受賞。代表作に《水無瀬の町家》(1970)、《QUICO神宮前》(2005)、《宇土市立網津小学校》(2011)など。住宅作品を中心に、日常空間を規定する枠組みから建築を解放して得られる自由な空間を追求してきた。著作に『現代建築／空間と方法』（同朋舎出版、1986）、『構成形式としての建築──コモンシティ星田を巡って』（INAX出版、1994）など。

## 伊東豊雄（いとう・とよお）

1941年生。東京大学工学部建築学科卒業。1971年アーバンロボット（URBOT）設立（現・伊東豊雄建築設計事務所）。日本建築学会賞（作品）を1986年《シルバーハット》で、2003年《せんだいメディアテーク》で受賞。2006年RIBAロイヤルゴールドメダル（イギリス）受賞。2012年ヴェネツィア・ビエンナーレ建築展の日本館コミッショナーをつとめ、金獅子賞受賞。2013年プリツカー建築賞を受賞。2016年日本建築学会大賞。代表作に《多摩美術大学図書館》(2007)、《台中国家歌劇院》(台湾、2016)など。《みんなの家》プロジェクトを推進し、東日本大震災や熊本地震後の復興に貢献している。著書に『風の変様体──建築クロニクル』（青土社、1999）、『透層する建築』（青土社、2000）など。

## 東京の家

### 中川純一（なかがわ・じゅんいち）

1974年生。金沢工業大学工学部建築学科卒業。2001年から2004年佐藤光彦建築設計事務所に勤務、2004年から2009年日祥工業株式会社勤務を経て、2009年バリカンを設立。個人住宅のほか《apartment KURO》シリーズ(2010)など一連の狭小アパート、集合住宅を手がける。

### 妹島和世（せじま・かずよ）

1956年生。日本女子大学大学院修士課程を修了。1981年より伊東豊雄建築設計事務所。1987年妹島和世建築設計事務所設立。1995年西沢立衛とSANAAを共同設立。2004年ヴェネツィア・ビエンナーレ建築展日本館展示で金獅子賞（最高賞）受賞、2006年日本建築学会賞（作品）を《金沢21世紀美術館》で受賞。2010年プリツカー建築賞受賞。同年フランス芸術文化勲章（オフィシエ）受章。2016年紫綬褒章受章。SANAAとしての代表作にフランス ルーブル美術館別館《ルーブル・ランス》など。

### 三幣順一（さんぺい・じゅんいち）

1968年生。日本工業大学大学院工学研究科修士課程修了。1996年から1998年高松伸建築設計事務所に勤務。1999年A.L.X.を設立。現在、武蔵野美術大学非常勤講師。個人住宅のほか集合住宅も手がける。

### 彦根 明（ひこね・あきら）

1962年生。東京藝術大学大学院修了。1987年から磯崎新アトリエに勤務、1990年から彦根アンドレアと共に彦根建築設計事務所を共同設立。現在、東海大学非常勤講師。2009年日本建築学会作品選奨を受賞。日本建築家協会（JIA）優秀作品選を2008年《BOZ》で、2010年《SAK》で、2011年《Earth, Wind and Sunshine》で受賞。

### 三浦丈典（みうら・たけのり）

1974年生。早稲田大学博士課程修了。2001年からスタジオナスカに勤務、2006年スターパイロッツを設立。現在、法政大学、早稲田大学講師。2015年グッドデザイン金賞、JCDデザインアワード銀賞を《Farmus木島平》で受賞。ハウススタジオやシェアオフィスの運営など設計にとどまらないさまざまな企画に関わる。著書に『こっそりごっそりまちをかえよう。』（彰国社、2012）など。

## マウントフジアーキテクツスタジオ
（原田真宏＋原田麻魚／はらだ・まさひろ＋はらだ・まお）

原田真宏は1973年生、芝浦工業大学大学院修了。1997-2000年隈研吾建築都市設計事務所勤務後、ホセ・アントニオ＆エリアス・トレス・アーキテクツ（バルセロナ）に在籍、磯崎アトリエ勤務を経て2004年マウントフジアーキテクツスタジオを原田麻魚と共同設立。現在、芝浦工業大学准教授。原田麻魚は1976年生。芝浦工業大学卒業。現在、東北大学非常勤講師。2015年日本建築家協会（JIA）新人賞を《海辺の家》で受賞。建築デザインを中心に東日本大震災後の復興都市計画や、プロダクトデザインまで手がける。

## 西沢立衛（にしざわ・りゅうえ）

1966年生。横浜国立大学大学院修士課程修了。1990年妹島和世建築設計事務所入所。1995年妹島和世とSANAAを共同設立。1997年西沢立衛建築設計事務所設立。横浜国立大学大学院建築都市スクールY-GSA教授。2010年プリツカー建築賞受賞。2011年フランス芸術文化勲章（オフィシエ）受章。西沢立衛建築設計事務所としての代表作に《森山邸》(2005)、《十和田市現代美術館》(2008)、《豊島美術館》(2010、村野藤吾賞と日本建築学会作品賞受賞)、《軽井沢千住博美術館》(2011)などがある。著書に『建築について話してみよう』（王国社、2007)、『西沢立衛対談集』（彰国社、2009)など。

## 米田 明（よねだ・あきら）

1959年生。東京大学大学院修士課程修了後、ハーバード大学大学院修士課程修了。1984年竹中工務店勤務を経て1990年アーキテクトンを設立。現在、京都工芸繊維大学大学院准教授。2006年日本建築学会賞（作品）を《HP》で受賞。2007年住宅作品《デルタ》で日本建築家協会（JIA）優秀建築選を受賞、同作品で2009年International Architecture Awardsを受賞。著書に『余白を想う』（彰国社、2004）など。

## 山縣洋（やまがた・よう）

1962年生。東京工業大学大学院修士課程修了。1987年竹中工務店勤務を経て、1994年から1996年OMA（オランダ）勤務。2002年山縣洋建築設計事務所設立。現在、明治大学兼任講師、早稲田大学芸術学校非常勤講師。日本建築家協会（JIA）優秀作品選を2006年《UT》で、2008年《YJ》で、2009年《YG》で受賞。個人住宅、集合住宅などを手がける。

## 横河 健（よこがわ・けん）

1948年生。日本大学芸術学部卒業。1972年から1976年まで黒川雅之建築設計事務所勤務を経て、1976年設計事務所クレヨン＆アソシエイツ共同主宰、1982年横河設計工房を設立。現在、武蔵野美術大学建築学科客員教授。1999年《グラス・ハウス》で日本建築学会賞（作品）を受賞、2011年日本建築家協会賞を《杉浦邸／多面体岐阜ひるがの》で受賞。著書に『KEN YOKOGAWA landscape and houses』（新建築社、2012）など。

## 伊丹潤（いたみ・じゅん）

1937年生、2011年没。武蔵工業大学建築学科卒業。1968年伊丹潤建築研究所設立。（2006年伊丹潤・アーキテクツ）。2009年済州（韓国）国際教育都市マスターアーキテクト就任。2005年フランス芸術文化勲章（シュヴァリエ）受章。2010年村野藤吾賞を《二つの手の美術館》と《水、風、石の美術館》で受賞。画家としても活動した。

## 森信人（もり・のぶひと）

1957年生。横浜国大工学部建築学科卒業。1981年から岡田新一設計事務所に勤務、1982年から新居千秋都市建築設計勤務を経て、1991年スタジオ・ノアを設立。代表作に《井の頭の家》、《泉区の家》、《新小岩の家》、《府中聖マルコ教会信徒会館》など。さまざまな素材や空間を使って問題を解決していく手法を追求している。

## 上田知正（うえだ・ともまさ）

1962年生。東京藝術大学大学院修士課程および英国建築協会付属建築学校大学院修了。ユーピーエム八束はじめ建築計画室を経て、一級建築士事務所オクトーバー設立。現在東京造形大学教授。代表作に《SKEW》(2007)、《NOVELA》、《HYDRA》（ともに2008)。住宅、病院、オフィスビルなどを手がける。

**藤本壮介**（ふじもと・そうすけ）
1971年生。東京大学工学部建築学科卒業。2000年藤本壮介建築設計事務所設立。2012年ヴェネツィア・ビエンナーレ建築展の日本館の展示で金獅子賞を受賞、2016年Réinventer Paris国際設計競技ポルトマイヨ・パーシング地区最優秀賞受賞。主な作品にロンドンの《サーペンタイン・ギャラリー・パビリオン2013》(2013)、《House NA》(2011)、《武蔵野美術大学図書館》(2010)、《House N》(2008)など。

**青木淳**（あおき・じゅん）
1956年生。東京大学大学院修士課程修了。磯崎新アトリエに勤務後、1991年に青木淳建築計画事務所を設立。1996年第8回くまもと景観賞を《馬見原橋》で受賞。1997年にJCDデザイン賞奨励賞を《遊水館》で受賞。1999年日本建築学会賞（作品）を《潟博物館》で受賞。《ルイ・ヴィトン表参道》で2004年第45回BCS賞建築業協会賞および2006年日本建築仕上学会作品賞受賞。代表作に《青森県立美術館》など。2004年度芸術選奨文部科学大臣新人賞受賞。著書に『原っぱと遊園地』（王国社、2004年）など。

**飯塚拓生**（いいづか・たくお）
1965年生。東京都立大学大学院修士課程修了。1991年から清水建設設計部勤務を経て2001年飯塚拓生アトリエを設立（現・イイヅカアトリエ）。1998年《山田市下山田小学校》で建築設計競技奨励賞を受賞。建築のプロセスを大切にしながら個人住宅のほか《Shiroyama Green Wall》(2011)など保育園、商業施設も手がけている。

**林順孝**（はやし・よりたか）
1971年生。東北大学大学院博士前期課程修了。2000年から2005年SANAAに勤務。2006年林順孝建築設計事務所を設立。2012年第38回東京建築賞奨励賞を《中目黒の家》で受賞。個人住宅や商業建築のなかに単純さと豊かさが共存する建築美を目ざしている。

**武井誠**（たけい・まこと）
1974年生。東海大学工学部建築学科卒業。卒業時山田守賞受賞。1997年より手塚建築研究所に勤務。2004年TNAを鍋島千恵と共同設立。《上州富岡駅》で2014年グッドデザイン賞、2015年日本建築学会賞（作品）、BCS賞特別賞を受賞。

**岡田哲史**（おかだ・さとし）
1962年生。コロンビア大学大学院および早稲田大学博士課程修了後、1995年岡田哲史建築都市計画研究所を設立。現在、千葉大学大学院准教授。トヨタ財団リサーチフェロー。米日財団フェロー。デダロ・ミノッセ国際建築賞で最優秀賞、ロシア国際建築賞で最優秀賞、シカゴアテネアウム国際建築賞、アジアデザイン賞金賞、日本建築学会賞（技術）、グッドデザイン賞など受賞。作品集に*SATOSHI OKADA*, Electa, 2009. 著書に『ピラネージの世界』（丸善、1993）など。

**田辺芳生**（たなべ・よしお）
1958年生。東京都立大学大学院修士課程修了。1989年PRIMEを設立（現・プライム建築都市研究所）現在、早稲田大学招聘研究員。日本建築家協会（JIA）優秀建築選を、2005年に《春日部の家》と《栃木の家》で、2008年に《前橋の家》で受賞。住宅、集合住宅、病院、商業施設、公共施設などを手がけている。

**新関謙一郎**（にいぜき・けんいちろう）
1969年生。明治大学大学院修士課程修了。1996年NIIZEKI STUDIOを設立。現在、明治大学兼任講師。2013年日本建築仕上学会作品賞を《ZMZ》で受賞。量感のある外観と対照的に開放感のある内部空間を持つ鉄筋コンクリート組積造の建築など、存在感と繊細さが共存した作風を特徴とする。

**根宏彦**（さかね・ひろひこ）
1963年生。九州大学工学部建築学科卒業、東京大学農学部博士課程修了。1988年から1999年香山壽夫建築研究に勤務。1999年阪根宏彦計画設計事務所設立。現在九州大学非常勤講師。日本建築学会作品選奨を2004年《九段の家》で、2009年《世界遺産熊野本宮館》で受賞。2016年、福岡県木造・木質化建築賞を《亭亭舎・皎皎舎（九州大学学生会館）》で受賞。

### 保坂 猛（ほさか・たけし）

1975年生まれ。横浜国立大学大学院修士課程修了。2003年建築設計SPEED STUDIOを経て、2004年保坂猛建築都市設計事務所を設立。現在、早稲田大学芸術学校准教授。2008年東京建築士会住宅建築賞を《LOVE HOUSE》《屋内と屋外の家》で受賞。《ほうとう不動》で2010年WA Award winner 2013年Contract World Award New Generation（ドイツ）、2013年日本建築仕上学会賞等を受賞。《DAYLIGHT HOUSE》で2011年AR House Award、2013年日本建築家協会（JIA）新人賞。神奈川建築コンクール優秀賞を2012年《DAYLIGHT HOUSE》《本郷台キリスト教会チャーチスクール・保育園》、2015年《湘南キリスト教会》、2016年《HOUSE119》で受賞。《名古屋のコートハウス》で2016年中部建築賞を受賞。

### 木下道郎（きのした・みちお）

1951年生。横浜国立大学建築学科卒業。1978年ワークショップ設立（現・木下道郎ワークショップ）現在、日本大学生産工学部非常勤講師。《中目黒集合住宅》（2006）《baoli》（2008）、《北参道集合住宅》（2009）、《富ヶ谷集合住宅》（2012）でそれぞれグッドデザイン賞を受賞。近作に《シャトー・メルシャン勝沼ワイナリー》（2012）など。

### 内海智行（うつみ・ともゆき）

1963年生。英国王立芸術大学、筑波大学大学院修了。在英設計事務所および大成建設設計本部勤務を経て1998年ミリグラムスタジオを設立。現在日本大学非常勤講師。建築設計とインテリアを段階的に供給する実践を手がけている。

## 今の家

### 堀部安嗣（ほりべ・やすし）

1967年生。筑波大学芸術専門学群環境デザインコース卒業。1991-1994年益子アトリエにて益子義弘に師事。1994年堀部安嗣建築設計事務所を設立。現在、京都造形芸術大学大学院教授。2002年第18回吉岡賞を《牛久のギャラリー》で受賞。2016年日本建築学会賞（作品）を《竹林寺納骨堂》で受賞。ほか代表作に《南の家》(1995)、《ある町医者の記念館》(1995)、《伊豆高原の家》(1998)、《KEYAKI GARDEN》(2008)、《イヴェールボスケ》(2012)、《阿佐ヶ谷の書庫》(2013)、《鎌倉山集会所》(2015)がある。著書に『堀部安嗣作品集1994 - 2014全建築と設計図集』（平凡社、2015）、『堀部安嗣　建築を気持ちで考える』（TOTO出版、2017）、『堀部安嗣　小さな五角形の家──全図面と設計の現場』（学芸出版社、2017）など。

### 西沢大良（にしざわ・たいら）

1964年生。1987年東京工業大学工学部建築学科卒業。1987年入江経一建築設計事務所勤務。1993年西沢大良建築設計事務所を設立。現在、芝浦工業大学建築工学科教授。2005年《砥用町林業総合センター》でAR-Awards2005（イギリス）と2005年日本建築家協会（JIA）第17回新人賞を受賞。2009年Faith & Forum AWARDS最優秀賞を《駿府教会》で受賞。そのほか代表作に《2004年）、《昭島のハウス》(2004年)、《沖縄KOKUEIKAN》(2006年)、《宇都宮のハウス》(2009年)、《今治港再生事業》（進行中）、《芝浦まちづくりセンター》(2016年)などがある。著書に『西沢大良1994－2004』（TOTO出版、2004）、『現代住宅研究』（共著、10+1 Series、LIXIL出版、2004）、『西沢大良｜木造作品集2004-2010』（LIXIL出版、2011）など。

## アトリエ・ワン
（塚本由晴＋貝島桃代＋玉井洋一／
つかもと・よしはる＋かいじま・ももよ＋たまい・よういち）

塚本由晴は1965年生、東京工業大学大学院博士課程修了。1992年貝島桃代とアトリエ・ワンを共同設立。現在、東京工業大学大学院教授。貝島桃代は1969年生、東京工業大学大学院修士課程修了。現在、筑波大学芸術学系准教授。2015年より玉井洋一がパートナーに参画。1995年《ハスネ・ワールドアパートメント》で、1997年《アニハウス》で、東京建築士会住宅建築賞受賞。《ミニハウス》で1999年東京建築士会住宅建築賞金賞と第16回吉岡賞受賞。2007年《ハウス＆アトリエ・ワン》（2005）でグッドデザイン賞受賞。都市空間のフィールドワークも行ない、国際的な美術展や建築展において作品を発表している。著書に『ペット・アーキテクチャーガイドブック』（ワールドフォトプレス、2011）、『メイド・イン・トーキョー』（共著、鹿島出版会、2001）、『図解アトリエ・ワン』（共著、TOTO出版、2014）、『コモナリティーズ　ふるまいの生産』（LIXIL出版、2014）など。

## 河内一泰（こうち・かずやす）

1973年生。東京藝術大学美術学部建築学科修士課程修了。2000年より難波和彦＋界工作舎勤務。2003年河内建築設計事務所を設立。現在、芝浦工業大学、東海大学、武蔵野美術大学、千葉工業大学で講師を務める。2002年《染色家のアトリエ》でSDレビュー2002新人賞を受賞。2009年《HOUSE kn》がAR Awards2009（イギリス）に入賞。《AMIDA HOUSE》で2011年中部建築賞と、2013年日本建築学会作品選新人賞受賞。2015年《カメハウス》でICONIC AWARDS 2015（ドイツ）を受賞、同年《アパートメント・ハウス》で日本建築家協会（JIA）第27回新人賞を受賞。光と映像を用いたインスタレーションや演出も手がける。

## みかんぐみ
（加茂紀和子＋曽我部昌史＋竹内昌義＋マニュエル・タルディッツ／かも・きわこ＋そがべ・まさし＋たけうち・まさよし＋マニュエル・タルディッツ）

1995年《NHK長野放送会館》建築設計競技最優秀賞受賞を機に共同設立。みかんぐみの作品として、2005年《愛・地球博トヨタグループ館》でグッドデザイン賞、JCDデザインアワード2005奨励賞を受賞。2011年子ども環境学会デザイン奨励賞を《伊那東小学校》で受賞。《mAAchecute 神田万世橋》で2014年グッドデザイン・未来づくりデザイン賞、JCDデザインアワード2014銀賞、2016年日本建築学会賞（業績）を受賞。共著に『団地再生計画』（INAX出版、2001）

加茂紀和子：1962年生。1987年東京工業大学大学院修士課程修了。1987年久米建築事務所（現・久米設計）勤務。1992年セラヴィ・アソシエイツ共同設立。現在名古屋工業大学教授。

曽我部昌史：1962年生。1987年東京工業大学大学院修士課程修了。1988年伊東豊雄建築設計事務所勤務。現在神奈川大学教授。

竹内昌義：1962年生。1987年東京工業大学大学院修士課程修了。1989年ワークステーション一級建築士事務所。現在東北大学芸術工科大学教授。

マニュエル・タルディッツ：1959年生。1984年ユニテ・ペダゴジックNo.1卒業、1988年東京大学大学院修士課程修了。1992年セラヴィ・アソシエイツ共同設立。現在、ICSカレッジオブアーツ講師、明治大学大学院特任教授。2005年フランス芸術勲章シュヴァリエ受章。

## 隈研吾（くま・けんご）

1954年生。東京大学大学院修士課程修了。1990年隈研吾建築都市設計事務所設立。現在、東京大学教授。1997年《森舞台/登米市伝統継承館》で日本建築学会賞受賞、その後も《水／ガラス》（1995）、《石の美術館》（2000）、《馬頭広重美術館》（2000）などの作品により国内外より多数顕彰される。2010年《根津美術館》で毎日芸術賞。近作に《歌舞伎座》（2013）、《ブザンソン芸術文化センター》（2013）、《FRACマルセイユ》（2013）。国立競技場の設計にも携わる。著書に、『自然な建築』（岩波新書、2008）、『小さな建築』（岩波書店　2013）、『日本人はどう住まうべきか？』（養老孟司氏との共著、日経BP社、2012）、『建築家、走る』（新潮社、2013）、『僕の場所』（大和書房、2014）など。

## 中山英之（なかやま・ひでゆき）

1972年生。東京藝術大学大学院修士課程修了後、伊東豊雄建築設計事務所勤務。2007年中山英之建築設計事務所を設立。現在、東京藝術大学美術学部建築科准教授。2004年、処女作《2004》でSDレビュー2004鹿島賞と第23回吉岡賞を受賞、2008年《草原の大きな扉》で第1回六花の森Tea House Competition 最優秀賞受賞、2014年、《My Thread》でD&AD Awards（イギリス）とRed Dot Design Award（ドイツ）best of the best賞受賞、2015年、フランス・マセリール・センター（ベルギー）増築国際コンペプロポーザル1等賞受賞。主な作品に、《O邸》（2009年）、《Yビル》（2009）、《Y邸》（2012）、《石の島の石》（2016）。著書に、『中山英之／スケッチング』（神戸芸術工科大学デザイン教育研究センター編、新宿書房、2010）など。

## 坂　茂（ばん・しげる）

1957年生。クーパー・ユニオン建築学部（アメリカ）卒業。1982-1983年磯崎アトリエ勤務。1985年、坂茂建築設計を設立。195年、災害支援活動団体、ボランタリー・アーキテクツ・ネットワーク（VAN）設立。慶應義塾大学環境情報学部特別招聘教授。阪神・淡路大震災被災地の神戸で手がけた《紙の教会》で、1995年毎日デザイン賞と1997年日本建築家協会（JIA）第9回新人賞を受賞。2000年ベルリン芸術賞を《ハノーバー万博2000日本館》で受賞。2014年フランス芸術文化勲章（コマンドゥール）受章。同年プリツカー建築賞受賞。2015年《大分県立美術館》でJIA日本建築大賞を受賞。紙管を用いた建築や建築による救援活動で知られる。著書に『坂茂の建築現場』（平凡社、2017）など。

## 長谷川豪（はせがわ・ごう）

1977年生。2002年東京工業大学大学院修士課程修了後、西沢大良建築設計事務所勤務。2005年長谷川豪建築設計事務所設立。現在、ハーバード大学デザイン大学院（GSD）客員教授。2005年《森のなかの住宅》でSDレビュー2005鹿島賞、2007年第9回東京ガス住空間デザインコンペティショングランプリ受賞、東京建築士会住宅建築賞金賞を受賞。《桜台の住宅》で2007年、東京建築士会住宅建築賞金賞を受賞、2008年、第24回新建築賞受賞。著書に、『考えること、建築すること、生きること』（2011年、INAX出版）、『長谷川豪作品集』（2012年、TOTO出版）、『カンバセーションズ――ヨーロッパ建築家と考える現在と歴史』（LIXIL出版、2015）など。

## 菅原大輔（すがわら・だいすけ）

1977年生。日本大学理工学部建築学科卒業、早稲田大学大学院修士課程修了。シーラカンス・アンド・アソシエイツ、Jakob＋Macfarlane、Shigeru Ban architect Europeを経て、2008年にSUGAWARADAISUKEを設立。現在、日本大学、東洋大学非常勤講師。2011年JCDデザインアワード銀賞を《CELL》で受賞。《森のオフィス》で2012年JCDデザインアワード銀賞、中部建築賞、2014年日本建築学会作品選集新人賞を受賞。2014年《時の流れる家》でDesign for Asia Awards（香港）銀賞を受賞。2016年《ゆたか幼稚園》でDesign for Asia Award（香港）銅賞キッズデザイン賞を受賞。地域計画から建築、ブランディングや被災地支援まで、建築的思考を背景に多岐にわたるデザインを手掛ける。

## 柳澤　潤（やなぎさわ・じゅん）

1964年生。東京工業大学大学院修士課程修了。1992-2000年伊東豊雄建築設計事務所勤務。2000年、コンテンポラリーズを設立。現在、東京工業大学特任准教授および関東学院大学准教授。東京建築士会住宅建築賞を2006年に《みちの家》、2011年に《ルネ・ヴィレッジ成城》で受賞。2012年《塩尻市市民交流センター（えんぱーく）》で日本建築士会連合会優秀賞と日本建築学会作品選奨を受賞、2015年日本建築家協会（JIA）新人賞を受賞。2013年、神奈川建築コンクール優秀賞を《京浜急行高架下プロジェクト》で受賞。ほか代表作に《逗子市小坪大谷戸会館》（2014）、《材木座の家》（2012）など。

## 五十嵐淳（いがらし・じゅん）

1970生。1997年五十嵐淳建築設計事務所を設立。2012年オスロ建築大学客員教授、2013年慶應義塾大学非常勤講師。1996年日本建築学会北海道建築奨励賞を《白い箱(BOX)の集合体》で受賞。2003年第19回吉岡賞を《矩形の森》で受賞。2005年バルバラ・カポキン国際建築ビエンナーレ(イタリア)を《風の輪》で日本人初のグランプリ受賞。2009年日本建築家協会(JIA)第21回新人賞を《光の矩形》で受賞。ほか代表作に《大阪現代演劇祭仮設劇場》(2005)、《相間の谷》(2008)、《間の門》(2008)、などがある。出身地の北海道を拠点とし、北海道固有の光や風を建築に取り入れた作風を特徴とする。著書に『五十嵐淳／状態の表示』(彰国社、2010)、『五十嵐淳／状態の構築』(TOTO出版、2011)など。

## オンデザインパートナーズ

代表の西田司は1976年生、横浜国立大学工学部建築学科。建築設計スピードスタジオを経て、2004年オンデザインパートナーズ設立。現在、東京大学、東京理科大学、京都造形芸術大学で非常勤講師。2002年日本建築学会作品選奨を《葉山の別荘》で受賞。2005年神奈川建築コンクール2005優秀賞を《カレイドスコープハウス》で受賞。2011年日本建築家協会(JIA)第23回新人賞を《ヨコハマアパートメント》(ベネチアビエンナーレ日本館招待作品)で受賞。2012年グッドデザイン復興デザイン賞と、2014年地域再生大賞特別賞を《ISHINOMAKI 2.0》で受賞。ほか2015年《隠岐国学習センター》など。著書に『建築を、ひらく』(学芸出版社、2014)『おうちのハナシ、しませんか？』(エクスナレッジ、2014)など。

## 山下保博（やました・やすひろ）

1960年鹿児島県奄美大島生まれ。芝浦工業大学大学院修了後、1991年に独立。《セル・ブリック》で2004年ar+d世界新人賞グランプリ、2013年LEAF Awardsは3部門で最優秀賞、《バウンダリー・ハウス》で2014年日本建築家協会賞・日事連建築賞・2015年ARCASIA金賞受賞など受賞歴多数。2013年に一般社団法人 地域素材利活用協会(チソカツ)を設立、地域の素材や構法を再編集することにより仕事を生み出し、街づくりに発展させる地域支援活動を行う。おもな著書に『Tomorrow 建築の冒険』(TOTO出版、2012)、『チソカツ(地域素材利活用)の術』(共編、鹿島出版会、2016)。

## 手塚建築研究所
(手塚貴晴＋手塚由比／てづか・たかはる＋てづか・ゆい)

手塚貴晴は1964年生、武蔵工業大学卒業、ペンシルバニア大学大学院終了。1990-1994年リチャード・ロジャース・パートナーシップ・ロンドン勤務。1994年手塚建築企画(現・手塚建築研究所)を手塚由比と共同設立。現在、東京都市大学教授。手塚由比は1969年生。1992年武蔵工業大学卒業。現在、東海大学非常勤講師。2008年日本建築学会賞(作品)と日本建築家協会賞を《ふじようちえん》で受賞。2013年グッドデザイン金賞を《あさひ幼稚園》他で受賞。2015年日本建築家協会優秀建築賞を《空の森クリニック》で受賞。学校、博物館、病院、教会から住宅まで、外部と一体化した開放的な空間を手がける。著書に『手塚貴晴＋手塚由比 建築カタログ』(TOTO出版、2006)、『Tezuka Architects: The Yellow Book』(Jovis、2016)など。

### 前田圭介（まえだ・けいすけ）

1974年生。国士舘大学工学部建築学科卒業。工務店で現場に携わりながら設計活動を開始。2003年 UIDを設立。現在、広島工業大学、福山市立大学、神戸芸術工科大学、名古屋工業大学非常勤講師。2008年デダロ・ミノッセ国際建築賞2007／2008 Under40グランプリを《ホロコースト記念館》で受賞。2011年ARCASIA建築賞ゴールドメダル、2013年、日本建築家協会（JIA）第24回JIA新人賞と日本建築学会作品選奨を《アトリエ・ビスクドール》で受賞。《Peanuts》で日事連建築賞 国土交通大臣賞と2013年こども環境学会賞デザイン賞を受賞。《群峰の森》でAR House 2016（イギリス）を受賞。2013年、藤井厚二設計による昭和初期の別荘《後山山荘》の修復を手がけ、多数顕彰された。

### エムエースタイル建築計画
（川本敦史＋川本まゆみ／かわもと・あつし＋かわもと・まゆみ）

川本敦史は1977年生。2004年エムエースタイル建築計画を川本まゆみと共同設立。川本まゆみは1975年生。共に東海工業専門学校卒業。《光の郭》で2013年日本建築家協会（JIA）東海住宅建築賞2013大賞、第25回愛知住宅賞愛知県住宅供給公社理事長賞、LIXILデザインコンテスト2013銀賞を受賞。《コヤノスミカ》で2013年LIXILデザインコンテスト審査委員特別賞、2014年第5回木質建築空間デザインコンテスト住宅部門賞、中部建築賞受賞。2013年《STAGE》で第30回住まいのリフォームコンクール優秀賞、2014年第2回家づくり大賞家づくりの会選考部門リノベーション賞受賞。

### SUPPOSE DESIGN OFFICE
（谷尻 誠＋吉田 愛／たにじり・まこと＋よしだ・あい）

谷尻誠と吉田愛はともに1974年生で1994年、穴吹デザイン専門学校卒業。2000年SUPPOSE DESIGN OFFICEを共同設立、広島と東京を拠点に、インテリアから住宅、複合施設など国内外で多数のプロジェクトを手がける。谷尻誠は現在、大阪芸術大学准教授。2003年《毘沙門の家》でJCDデザインアワード 新人賞受賞、2015年《ONOMICHI U2》でJCDデザインアワード および International prize for sustainable architecture（イタリア）金賞受賞、2016年、《安城の家》、《桧原の家》で住まいの住環境デザインアワード・グランプリ、九州の家賞受賞。著書に『1000％の建築』（エクスナレッジ、2012）、『談談妄想』（ハースト婦人画報社、2013）など。

### 吉村靖孝（よしむら・やすたか）

1972年生。早稲田大学大学院修士課程修了。1991-2001年文化庁派遣芸術家在外研修員としてMVRDVに在籍。2001年SUPER-OS共同設立を経て、2005年吉村靖孝建築設計事務所を設立。現在、明治大学大学院理工学研究科建築学専攻特任教授。2006年第22回吉岡賞を《DRIFT》で受賞。2006年稲門建築会特別功労賞を受賞。2009年アジアデザイン賞金賞を《Nowhere but Hayama》で受賞。《Nowhere but Sajima》で2010年JCDデザインアワード銀賞、神奈川建築コンクール優秀賞、日本建築学会作品選奨を受賞。2010年第23回日経ニューオフィス賞近畿ニューオフィス推進賞、2010年グッドデザイン特別賞、JCDデザインアワード銀賞を中川政七商店新社屋で受賞。他代表作に《フクマスベース／福増幼稚園新館》(2016)など。著書に『超合法建築図鑑』（彰国社、2006）、『EX-CONTAINER』（グラフィック社、2008）など。

### 坂口恭平（さかぐち・きょうへい）

1978年生。早稲田大学理工学部建築学科卒業後、石山修武研究室地下実験工房で石山修武に師事。2007年よりアーティストとしての活動に専念。2013年第2回吉阪隆正賞受賞。2014年第35回熊日出版文化賞を『幼少時代』で受賞。2016年第57回熊日文学賞を『家族の哲学』で受賞。映像、執筆、パフォーマンス、設計、ドローイングといった多彩な表現を展開している。

**模型・映像制作**

[《夏の家》模型] 丸尾諒太(明治大学建築都市デザイン 国際プロフェッショナルコース)

[《前川國男自邸》] 石坂亮介(明治大学建築都市デザイン 国際プロフェッショナルコース)

[《斎藤助教授の家》] 秋山祐毅(明治大学建築都市デザイン 国際プロフェッショナルコース)

[《住居》模型] 神谷大道(明治大学建築都市デザイン 国際プロフェッショナルコース)

[《スカイハウス》模型] 後藤雄治(明治大学建築都市デザイン 国際プロフェッショナルコース)

[《旧吉屋信子邸》模型] 秋山祐毅(明治大学建築都市デザイン 国際プロフェッショナルコース)

[《塔の家》模型] 秋山祐毅(明治大学建築都市デザイン 国際プロフェッショナルコース)

[《幻庵》模型] 後藤雄治(明治大学建築都市デザイン 国際プロフェッショナルコース)

[《住吉の長屋》模型] 後藤雄治(明治大学建築都市デザイン 国際プロフェッショナルコース)

[《山川山荘》模型] 後藤雄治(明治大学建築都市デザイン 国際プロフェッショナルコース)

[《シルバーハット》模型] 後藤雄治(明治大学建築都市デザイン 国際プロフェッショナルコース)

[《千葉の家》模型] 丸尾諒太(明治大学建築都市デザイン 国際プロフェッショナルコース)

[《リポジトリ》模型] 後藤雄治(明治大学建築都市デザイン 国際プロフェッショナルコース)

[《カタ邸》] 石坂亮介(明治大学建築都市デザイン 国際プロフェッショナルコース)

[《鎌倉の家》] 松崎航大(明治大学建築都市デザイン 国際プロフェッショナルコース)

その他の「今の家」の模型は各設計事務所の制作による。

[今の家映像] ジェレミ・ステラ(Jérémie Souteyrat)


**写真クレジット**

安藤忠雄建築研究所(撮影:安藤忠雄):I-10-1、I-10-2

上田宏:I-7-2

伊東豊雄建築設計事務所(撮影:大橋富夫):I-14-1、I-14-2

菊竹清訓建築設計事務所:I-5-1(撮影:菊竹清訓)、I-5-2(撮影:川澄明男)

©高知県、石元泰博フォトセンター:I-4-2

坂口恭平(協力:セゾンアートワークス)p. 192

ジェレミ・ステラ(Jérémie Souteyrat):I-2-1、I-2-2、「東京の家」と「今の家」の写真すべて。ただしII-4とII-11は補佐にブリュノ・ベレック(Bruno Bellec)。

彰国社(撮影:彰国社写真部):I-7-1

新建築社:I-4-1(撮影:平山忠治)、I-13-1、I-13-2

スタジオGAYA(撮影:石山修武):I-9-1、I-9-2

多木浩二:I-11-1、I-11-2

マニュエル・タルディッツ(Manuel Tardits):I-6-1、I-6-2

デザインシステム:I-3-2

TOTO株式会社(撮影:秋山亮二):I-12-1、I-12-2

平山忠治:I-3-1、I-4-1

ペンシルヴァニア大学附属博物館スギヤマ・コレクションSugiyama Collection, The Architectural Archives, University of Pennsylvania:I-1-1、I-1-2

スタジオムライ(撮影:村井修):I-8-1、I-8-2

## 図録

**編集**
大村理恵子(パナソニック 汐留ミュージアム)

**仏文和訳**
石川裕美
奥村理絵
桑田光平
品川悠
谷口奈々恵

**伊文和訳**
萱野有美

**英文和訳**
坂本和子

**アートディレクション**
加藤賢策(LABORATORIES)

**デザイン**
北岡誠吾(LABORATORIES)

**制作**
川尻大介(鹿島出版会)

## 日本、家の列島

2017年4月20日　第1刷発行

| | |
|---|---|
| 編者 | ヴェロニック・ウルス、ジェレミ・ステラ、マニュエル・タルディッツ、ファビアン・モデュイ、パナソニック汐留ミュージアム |
| 発行者 | 坪内文生 |
| 発行所 | 鹿島出版会 |
| | 〒104-0028 |
| | 東京都中央区八重洲2-5-14 |
| 電話 | 03-6202-5200 |
| 振替 | 00160-2-180883 |
| 印刷 | 壮光舎印刷 |
| 製本 | 牧製本 |

ISBN 978-4-306-04649-8 C3052
© Panasonic Shiodome Museum, 2017, Printed in Japan

落丁・乱丁本はお取り替えいたします。
本書の無断複製（コピー）は著作権法上での例外を除き禁じられています。
また、代行業者等に依頼してスキャンやデジタル化することは，
たとえ個人や家庭内の利用を目的とする場合でも著作権法違反です。
本書の内容に関するご意見・ご感想は下記までお寄せ下さい。
URL : http://www.kajima-publishing.co.jp
e-mail : info@kajima-publishing.co.jp